CLÉMENT BESSE

LA

Musique

Allemande

chez nous

PRIX : **2.00**

PARIS

P. LETHIELLEUX, LIBRAIRE-ÉDITEUR

10, RUE CASSETTE, 10

LA

MUSIQUE ALLEMANDE
CHEZ NOUS

435

Clément BESSE

LA

Musique
 Allemande
chez nous

PARIS

P. LETHIELLEUX, LIBRAIRE-ÉDITEUR

10, RUE CASSETTE, 10

DU MÊME AUTEUR

PHILOSOPHIE

Prix.

Deux centres du mouvement Thomiste : Rome et Louvain. Paris, Letouzey *(Épuisé)*. 3. »

Philosophies et Philosophes. Paris, Lethielleux. 3.50

MUSIQUE

La Crise des Cérémonies religieuses et de la Musique Sacrée. Paris, Lethielleux........ 2. »

Chants Religieux. Deux séries de poèmes *avec musique* d'Albert Alain. Paris, *Schola Cantorum*....................... Chaque. 2. »

Sermon de Saint François aux Petits Oiseaux. Poème chanté à deux voix égales. Musique d'Albert Alain.
       Chez Biton, Saint-Laurent-sur-Sèvre.... 1.50

Choix de Chorals de Bach. Cantiques français à deux et trois voix égales, transcrites par Albert Alain.
       Chez Biton, Saint-Laurent-sur-Sèvre.... 2. »

A D. Charles PLANCHET

MON CHER MAITRE,

Je vous dédie et je vous offre ces quelques pages, que je vous dois.

Je n'aurais jamais osé écrire sur un sujet de cette importance, sans prendre vos avis, dont je me suis toujours si bien trouvé. — Cette fois vous m'avez non seulement éclairé, mais vous m'avez aidé à bâtir le sujet, fixant mes idées flottantes, et donnant à mes conclusions l'appui de votre autorité.

Je n'ai qu'une appréhension, c'est de mettre votre nom en tête d'un ouvrage qui ne soit pas digne de vous.

C. B.

Musique Allemande
chez nous

Une controverse s'est élevée, ces temps-ci, à propos de la musique allemande, où l'on retrouve des préoccupations d'esprit diverses. Le moment était-il bien choisi pour agiter cette question ? Beaucoup penseront que non. A part les hommes de métier, qui ne peuvent guère oublier leur art, et qui ramènent à lui la philosophie comme la logique des événements, peu d'hommes songeaient à se demander si la sonate de Beethoven conserve encore tout son prestige, si Bach est toujours « le Père des croyants » au pays de la fugue et du contrepoint, si le choral l'emporte sur la mélodie unie de nos cantilènes, si Wagner peut encore être goûté de quelques Français sans que ce goût les dénonce à la juste colère de leurs concitoyens.

Culte privé, donc domaine interdit à la curiosité publique. Personne ne devrait dicter de lois
à personne sur ce sujet.

Mais voilà une tolérance présentement abolie.
Bien plus : il faut, coûte que coûte, que l'on se
prononce, et que l'on se compromette. « Aimez-
vous encore la musique allemande ? — N'allez-
vous pas prestement renier toutes vos sym-
pathies avouées pour « ce produit boche » ?
Sachez-le : le modérantisme est, dans cette
affaire, une injure au patriotisme français. La
neutralité est criminelle. — Si vous aviez chez
vous, avant la guerre, un des soixante-dix por-
traits officiels de Guillaume, vous vous êtes
empressés, je suppose, ou de le briser, ou de
le brûler, ou de le cacher. Brisez de même vos
idoles musicales d'outre-Rhin, ou brûlez-les,
ou cachez-les.

On l'a si bien compris de cette sorte à l'Opéra
que l'on a remisé toute la machinerie wagnérienne, les dragons et les monstres, les chars
des dieux et des déesses, les forêts peintes, les
armures et les casques, toute la friperie du
Walhalla.

En somme il est interdit de trouver de l'intérêt aux œuvres, quelles qu'elles soient, qui ne
sont pas au moins de mentalité alliée. Si vous
êtes las de jouer du français, jouez du russe.
Nous étions russophiles avant la guerre ; après
la guerre nous serons russifiés. Jouez aussi de

l'anglais : on a trouvé dans les cartons de Londres de très honorables symphonies ; tâtez-en. Jouez de l'italien, surtout depuis que l'Italie a pris les armes et se jette dans la lutte à nos côtés. Jouez du Dalcroze, pour remercier la Suisse de sa ferveur charitable.

Pourvu que rien ne rappelle la sacrilège complaisance que l'on avait, en France, pour les œuvres d'outre-Rhin, tous les goûts sont absous, tous les snobismes sont amnistiés.

*
* *

Ne le regrettons pas trop. Quand on use honnêtement des circonstances, elles vous sont presque toujours d'un bon profit.

Cette passion toute vive contre les idées de nos ennemis nous remue peut-être utilement. En tous cas elle nous aide à nous contrôler, à nous éprouver. Peut-être même, malgré sa partialité, n'est-elle pas tout à fait mauvais juge. Des défauts évidents, d'énormes contre-sens, des drôleries monumentales nous avaient échappé chez les musiciens allemands. L'hypnotisme où nous vivions nous barrait la vue. La juste haine a arraché le bandeau. N'hésitons pas à en profiter pour voir.

Si d'aventure nous tombons dans la faute opposée, qui est de dénigrer ce qui mérite d'être admiré, nous l'avons d'avance, par tant d'années

d'humble soumission aux influences allemandes, largement sur-réparée.

Quant à moi pourtant je ne veux pas être
passionné jusqu'à en être inepte. La musique des
Allemands m'a toujours paru merveilleuse. Je
ne demande pas mieux que d'en rabattre ; mais
encore veux-je le faire à bon escient, et sans
me forcer. J'établis un inventaire de mes pré-
jugés, soit. Mais un inventaire a son actif et son
passif. Je suis décidé à tenir compte de l'un et
de l'autre.

CHAPITRE PREMIER

La Musique Allemande
et le Classicisme en musique.

La sensibilité allemande.
L'esprit de synthèse. — Le pittoresque et l'humour.
Une langue impersonnelle. — Une écriture
musicale objective.

I

Un point est acquis : c'est que Beethoven, Mozart, Haydn, Weber et Bach seront demain, comme hier, les maîtres de la musique classique.

J'en vois trois principales raisons.

La première, c'est que le sentiment ou la sensibilité de ces auteurs a une valeur classique.

Au point de vue de la sensibilité, les Allemands ont gardé une sorte de privilège. Ils peuvent être barbares, ils restent sensibles. Ces hommes grossiers sont mélancoliques. Ils rêvent. Les émotions, chez eux, ont ces longues répercussions qui courent les nerfs, s'élargissent en ondes sentimentales, et s'expriment par des échappées de douleur ou de joie, dans une forme naïve, simpliste, non surveillée, non retenue, comme cela se passerait chez une bête sentante, qui se serait éveillée depuis peu à la vie consciente. Le vieux Faust lui-même réagit comme un nouveau venu dans notre monde. Tout choc de sa sensibilité avec le dehors se résout en extase émotionnelle. Au début de l'œuvre, il découvre sur son livre des signes cabalistiques : « Ah, s'écrie-t-il, comme à cette vue tous mes sens ont tressailli ! Je sens la jeune et sainte volupté bouillonner dans mes veines. Était-ce un dieu qui traça ces signes qui apaisent le vertige de mon âme, emplissent de joie mon pauvre cœur, et, dans un élan mystérieux, dévoilent autour de moi les forces de la nature ? Suis-je un dieu ? Tout me devient si clair !... Debout, Faust ! Baigne infatigablement ta poitrine dans la pourpre de l'aurore ! »

La « bête sentante » qui parle ainsi a un ton qui n'est pas celui du commun. Cependant, en Allemagne, le commun a des tressaillements d'âme du même genre. L'ouvrier le plus endormi, le paysan le plus emmaillotté de ténèbres ont de ces réveils bondissants où ils se déclarent, et déclarent avec eux un monde de rêves.

Naturellement ceux-ci sont souvent troubles et monstrueux. A côté de goûts brutaux qu'ils choient délibérement, et dont ils se vanteront, si la chance les a servis, les Allemands ont des

besoins fous d'idéal. Ils imaginent volontiers
l'irréel, l'impossible, uniquement pour se
repaître de son image. Laborieux, s'usant dans
des besognes de forçats, ils s'évadent en esprit
à grands coups d'ailes, et vivent loin de l'endroit
où ils peinent. Leur imagination leur représente
alors invariablement : le bonheur de la famille,
les tendres enlacements de leurs enfants, les
miracles du savoir allemand, l'avenir fantas-
tique de leur pays : et tout cela sous des formes
d'une poésie demi-sauvage, idyllique, enfantine,
splendide et vulgaire.

Devant la souffrance ils sont durs, et en
même temps faciles aux larmes. Ils peuvent
trouver du plaisir à organiser une bassesse, un
crime ; et alors ils rient sous cape à la pensée
du piège où leur ennemi va tomber, ils le voient
surpris, et pris... Puis tout d'un coup ils se
désolent, s'affalent dans la langueur et le
recueillement du désespoir.

Fouillée, voulant comparer la sensibilité du
Français et celle de l'Allemand, écrit : Tandis
que le Français, vif et rond, s'illumine de gaieté
extérieure, déborde, s'épanche ; le cerveau germanique s'échauffe, s'allume intérieurement
avec lenteur, mais avec persévérance. « C'est
un feu de charbon de terre, souvent fumeux,
non un feu de branches à la vive flamme, encore
moins un feu de paille. » Longtemps ce feu
couve, ne décelant sa présence que par quelques

étincelles. Puis subitement il s'élance en gerbe, et ravage tout.

*
* *

Ce don d'émotion s'enrichit et se développe d'autant plus qu'il est moins contredit. Chez nous les émotions ont leur respect humain. L'esprit, l'ironie, qui sont des traits de notre race, rendent notre sensibilité discrète et la forcent à se voiler. Par exemple, supposons un Voltaire entendant un homme s'écrier comme Faust : « Suis-je un dieu ? Tout me devient si clair ! » il éclaterait de rire. Et ce rire arrêterait net la confidence du neurasthénique : à moins que le moqueur et le moqué en viennent tous deux à s'en amuser. Chez un Allemand, rien de pareil. Faust est à l'épreuve du rire. L'affront reçu et encaissé, il n'en continuera que de plus belle à se confesser à la lune.

De tout temps la sensibilité allemande s'est ainsi donné libre cours, se débandant et se répandant à l'aise, sans que les modérateurs habituels de l'émotion, la critique et l'ironie, aient prise sur elle.

Nous en avons des témoignages tout récents. Chez les écrivains d'outre-Rhin, au début des hostilités, l'ivresse belliqueuse se traduisait par des appels violents au massacre ; ce qui était une première forme d'indiscrétion. Aujourd'hui beaucoup se lamentent avec un égal abandon,

et bêlent à la paix sans la moindre vergogne,
tandis que chez nous, où l'on fut moins carnas-
sier, on se domine aussi mieux. Fritz von Unruh,
qui s'engage comme uhlan, et qui part en criant :
« Paris !... Paris est notre but ! » dès septembre,
sur l'Aisne, compose *Der Lamm* (L'Agneau) :
« Agneau de Dieu, j'ai vu ton douloureux regard.
Apporte-nous la paix et le repos, ramène-nous
bientôt dans le ciel de l'amour, et recouvre les
morts !... » Andrea Fram, resté à la maison
(*Zu Hause*), souffre de ne pas souffrir. tandis
que des milliers d'autres agonisent : « Et tout
ton amour, et toute ta souffrance, ton plus
ardent désir ne réussissent pas à rendre sa
dernière heure plus légère à un seul qui meurt
là-bas. »

Franz Werfel a lui aussi des accents poignants.

« Plus que la communauté des paroles et des
œuvres nous lie tous le regard qui s'éteint et la
couche funèbre, et la détresse mortelle, lorsque
le cœur se brise. Que tu te courbes devant le
puissant, que tu trembles devant le doux visage
aimé, que tu épies l'ennemi d'un œil dur..., vois
à l'avance, oh ! vois le regard qui sombre. le râle
effroyable, la bouche sèche, la main qui se crispe,
la solitude dernière, et le front qui se mouille de
misère et de sueur... Sois bon... La tendresse
est sagesse, la douceur est raison... — Étrangers
nous sommes sur la terre, tous, et l'on meurt,
afin de se réunir... »

Écoutez encore Hermann Hesse parler de la Paix. « Chacun l'a possédée. Personne ne l'a appréciée. Chacun s'est rafraîchi à la source douce. Oh ! comme sonne le nom de la paix à présent ! Il sonne si lointain, si lourd de larmes » (cf. *Friede*) (1).

Ces exemples frappants d'une sensibilité à découvert, sorte d'écorché moral qui s'offre de lui-même aux yeux, montrent que l'Allemand, quelle que soit par ailleurs l'incohérence de sa mentalité, est d'une race, dont le goût secret, le premier vœu inscrit au fond du cœur est de parler, de décrire, de chanter ses émotions les plus intimes.

*
* *

De là sa réussite en musique. Car l'émotion est la matière toute vive de la musique.

Il semble qu'au travers de rêves si concentrés et si vécus résonne tout un concert. Ce sont notes fugitives et mélodies à peine ébauchées. Mais le mélomane, qui en jouit, un jour ou l'autre les fixera. Les vrais musiciens, ceux que, dans le style pédant d'aujourd'hui, on appelle des *auditifs*, ne perdent rien des mille perceptions ou souvenirs qui se présentent à eux sous une forme sonore. On dit que Mozart, trois jours après l'avoir entendu, nota le *Miserere* de la Sixtine, qui lui avait plu. Avec plus d'aisance

(1) *Journal de Genève*, du 19 avril 1915.

encore, il pouvait noter la ligne mélodique de ses émotions ; car ses émotions chantaient en lui mieux que la Sixtine. Il nous a dit ses battements de cœur précipités, sa respiration courte, ses tremblements de lèvres, tout le branle-bas de sa machine sentante lorsqu'il composait quelque œuvre de fièvre et d'enthousiasme. Ces intensités du sentiment ne pouvaient pas ne pas se traduire par des trouvailles de sons et de rythmes incomparables.

Pareillement rappelez-vous quelques beaux thèmes de Beethoven, de Schumann, de Schubert, et dites si leur puissance d'attrait ne vient pas de ce qu'ils sont comme « les battements du cœur qui se soulève » ?

Et combien consonants avec notre propre état d'âme ! Ils évoquent les plus délicates vibrations de nos nerfs, les plus fugitifs échos de notre cœur ; ils nous révèlent à nous-mêmes notre sensibilité nue, dans sa candeur native, si j'ose dire. Le mot « expressif », avili par l'usage abusif qu'on en fait, a ici tout son sens. Il marque l'effort de ces auteurs pour extraire, *exprimer* de leur âme remuée sa sonorité exacte et son timbre vrai. Et de fait, à notre tour, simples auditeurs, nous percevons quelque chose qui réplique en nous au thème, à la phrase : « Oui, c'est cela. Ce thème est tout ce que je sens. Quel bonheur de pouvoir le répéter à satiété ! »

*
* *

Ajoutez que, le plus souvent, le sentimental Allemand est amené à s'exprimer dans un plus émouvant lyrisme par une réaction toute spontanée contre son milieu. C'est un homme dont l'âme est comprimée, dont le caractère d'artiste est violenté par le spectacle bestial et bas qui l'entoure.

Le Français, sociable et délicat, qui se dépense en prévenances et en attentions, dont la conversation est faite de ménagements calculés, de flatteries même, paraît décidé à empêcher que l'on souffre en sa compagnie. Aussi le compositeur, chez nous, n'a pas en général tant de blessures d'âme à venger, tant de rancunes à satisfaire, tant de tragiques mélancolies à traduire. Et d'ailleurs peu importe, puisqu'il cherche plutôt à plaire qu'à émouvoir. — Au contraire l'Allemand, rebelle à l'esprit de société, trouvera plus souvent l'occasion d'émouvoir que de plaire.

Pour cela il n'aura qu'à se souvenir de lui, de ce qu'il souffre, de ce qu'il endure dans son cercle humain.

Heine n'est pas le seul qui l'ait clamé avec dégoût. La correspondance de tous les grands artistes allemands, depuis Haydn jusqu'à Wagner, est pleine de gémissements et de révoltes. Ils déplorent les mépris, les dédains stupides auxquels ils sont voués. Ils se disent condamnés à l'exil, ou à vivre étouffés. Beethoven, le plus malheureux de tous, en est ulcéré : « Notre temps, écrivait-il à son neveu, a besoin de robustes esprits pour fouailler ces misérables gueuses d'âmes humaines. »

La délivrance leur venait de cet art qui a un corps et une voix : la musique frémissante, à la voix puissante et innombrable, la musique qui révèle le fond de l'âme, qui se confie, qui se défend, qui plaide, qui accuse, qui se moque, qui rit, qui trépigne, qui exulte.

Ils chantaient alors pour eux-mêmes, sans se composer une attitude, sans mauvaise honte, mais au contraire l'âme libre et en liesse. Ils chantaient pour chanter, uniquement attentifs à réaliser d'une manière adéquate leur discours intérieur. C'est le monde qui souvent empêche nos musiciens de connaître l'attendrissement vrai et l'effusion. C'est l'inexpérience du monde qui, rejetant les Allemands à la voie émotionnelle, leur ouvre ces issues sur toutes les « choses sensibles » ; au point qu'ils arrivent à être, là-dessus, véridiques et précis comme des visionnaires.

En ce sens les plus beaux cris de douleur de la *Pathétique,* ou les fantaisies affolées du *Carnaval de Venise,* nous les devons presque autant aux vices antisociaux de l'Allemagne et aux lourdes nuées d'ennui qu'elle soulève chez elle, qu'à l'Inspiration même.

II

Classique aussi est l'esprit de synthèse qui domine toute la pensée musicale de la vieille Allemagne.

On sait que ce peuple a le sens et le goût de l'abstrait. Il l'a aussi bien dans le domaine des images et des émotions que dans le domaine des idées. Il situe habituellement les choses dans le général et l'universel. — En matière de métaphysique je discuterais volontiers le point de savoir si ce goût, par trop exclusif, lui a été profitable, comme il le croit. Personnellement j'en doute. Je donnerais toute la métaphysique de Kant, en y joignant celle de Hegel, qui sont de pur raisonnement, pour quelques pages de métaphysique grecque, où l'abstrait, étroitement lié au concret, est toujours contrôlé par l'expérience.

Mais, en musique, les vieux Allemands ont réussi à faire apparaître le général dans l'individuel. Ils réalisent ce que la métaphysique ne fait qu'évoquer par des mots. Ils n'ont pas créé des sons et des rythmes transcendants : notre oreille toute charnelle n'en saurait distinguer de cette sorte. Ils font sensible, dans les sons et les rythmes, la transcendance des choses qui les remuent. J'oserai dire qu'ils égalent quelquefois la musique à leurs rêves.

De ces émotions qu'ils ont ressenties si vive-

ment, les Mozart, les Hœndel, les Bœthoven
semblent avoir éliminé les contingences, pour
ne garder que l'essence éternelle. Ils ne conçoi-
vent pas l'intérêt d'un thème, d'un contrepoint,
d'un jeu d'instruments à l'orchestre hors d'une
idée qui groupe, qui concentre ces effets, et
leur donne un sens d'esprit en même temps
qu'un sens d'art. Un égrènement de jolis sons,
une grappe d'arpèges, des accords savoureux,
un trait perlé de violons ne sont pas, pour eux,
de la musique. Ce sont des éléments propres à
composer le discours sonore. L'important c'est
ce discours. Et dans ce discours, ce qui prime
c'est l'évocation émue, cordiale ou spirituelle,
humoristique, quelquefois gaillarde, d'un sentiment vif et vrai.

Le sentiment vif et vrai leur paraît être l'élé-
ment vital de l'art musical bien conçu.

Mais justement le sentiment vif et vrai, qui,
par un côté, est tout subjectif, et varie d'aspect
avec les individus, par un autre côté est tout
objectif, et s'offre à nous comme immuable. Il a
été ce qu'il est. Il sera ce qu'il est. Tout homme,
bâti sur le patron commun, le ressent de la
même manière.

Il existe ainsi un lot d'émotions dont le con-
tenu ne se modifie guère à travers les âges. Les
musiciens allemands, par vocation, avec étude
et soin ont traité excellemment cette classique
matière. — Comme le cours régulier des

choses, que rien ne dérange, on trouve là le fonds permanent des passions humaines avec lequel ces rares génies ont su composer les plus belles symphonies du monde.

III

Mais, dira-t-on, n'ont-ils donc aucun sens de la musique pittoresque ; étaient-ils à ce point moralistes et docteurs qu'ils soient devenus incapables d'imaginer et de décrire ?

Il s'en faut bien que cela soit.

On peut, en choisissant quelques œuvres de Beethoven, et surtout de Haendel, suivre le mouvement et le sens de leurs découvertes, en ce genre. On verrait ainsi le peintre se dégager peu à peu du penseur, la couleur se détermi- ner, la palette prendre une organisation plus savante. On reconstituerait graduellement aussi la vie locale, qui a fait le cadre d'une vie inté- rieure si intense, les habitudes domestiques, privées, champêtres, urbaines, le cabaret où l'on fume, la clairière où l'on danse, le bord de l'eau où l'on rêve, le sentier écarté où l'on se promène, les duretés et les douceurs, les colères et les apaisements des saisons. Cela correspond, chez les musiciens allemands, à cet humour paysannesque, à cet esprit de terroir, qui faisaient les délices de la bourgeoisie régionale. Toutefois, même là où ils se laissent entraîner à « peindre avec des sons », ces auteurs ne

renoncent pas à leurs préoccupations spirituelles : et leur manière atteste encore le primat
du sentiment et de l'idée sur le décor. Leurs
« effets imitatifs » et leur « coloris » instrumental restent discrets. Ce sont des esquisses
touchées d'une main légère, avec un crayon
qui essaye, d'un pinceau qui effleure à peine.

Par là ils demeurent encore abstraits et
généraux. Ils évoquent seulement les traits
essentiels — non de la nature — mais de notre
représentation de la nature, ceux qui sont les
mêmes pour toutes les sensibilités.

Comparez les tempêtes, les effets d'aube ou
de nuit, les chants d'oiseaux qu'on trouve chez
Haendel, avec les mêmes effets chez Wagner,
et, plus près de nous, avec les réalisations trou-
blantes d'un Rimsy-Korsakoff, d'un Mous-
sorgsky ou d'un Claude Debussy. Comparez
le chant du laboureur des *Saisons* de Haydn, le
chant du moissonneur de Schumann avec les
mélodies de la terre russe, telles que Borodine
les réalise : le pittoresque des vieux Allemands
paraît enfantin. Et il l'est.

Faut-il le regretter ?

Point du tout. — C'est de quoi plutôt il
convient de s'applaudir. A une telle école on
goûte la vérité sans faste et sans recherche, la
beauté pure ; on savoure avec plénitude les
impressions-types, dans leur innocente fraî-
cheur ; on admire les premières habiletés de

métier, avant qu'elles ne soient devenues des roueries de métier. La hiérarchie des valeurs est là aussi toute. Le cadre ne vaut pas mieux que le tableau. Le paysage ne fait pas oublier l'homme.

Qui ne reconnaît là ces signes particuliers qui, de tous temps, furent la caractéristique du classicisme ?

*
* *

L'on peut ajouter que ces auteurs ont attrapé ce miracle spontanément et par intuition. Nos civilisations raffinées et lasses, un jour ou l'autre, viennent par réaction au simple. Après avoir pratiqué tous les excès elles se rangent, elles se châtient. Alors on voit des artistes la veille encore fantaisistes et brouillons se discipliner, faire la guerre aux subtilités et aux grâces de détail, devenir économes et mesurés, subordonner tout à l'ordre. Cela est fort méritoire, mais l'écueil, c'est qu'ils trahissent, malgré qu'ils en aient, l'application et l'effort. Au total, dirait Bergson, leur œuvre c'est « *du simple plaqué sur du complexe* ». — Les maîtres de la musique allemande faisaient du simple d'autant plus parfaitement qu'ils ne savaient pas et ne pouvaient pas savoir faire autre chose. Leur synthèse n'était pas — qu'on me pardonne cette déplaisante philosophie — une *synthèse-résultat,* c'est-à-dire postérieure à ses éléments, et née de leur laborieux assemblage, mais une *synthèse-principe,* contemporaine de ses éléments, et qui se confondait avec eux.

En somme à la fois métaphysique et poétique, très personnelle et très impersonnelle, élargie en symboles et vivifiée par le pathétique, faite de lieux communs, et cependant inventée et toute neuve, leur œuvre fut une coordination, un mariage heureux de caractères, qui, chez de plus avertis, se contrarient le plus souvent.

IV

A cela joignez l'art de l'organisation, sensible jusque dans la forme.

Le régime musical de l'harmonie et du contrepoint que les Allemands avaient reçu des Français et des Flamands, ils l'ont plié à une logique rigoureuse, qui du reste correspond, dans leur pays, à une conception sociale. On le sait, l'individu, pour eux, est un non-être, tant qu'il ne s'insère pas dans un groupe. C'est la *Verein* ou association qui le met en valeur. De même la mélodie n'a pas d'existence propre ; c'est un non-être, tant qu'elle ne s'insère pas dans un ensemble sonore, dont toutes les parties sont liées. La musique, même instrumentale, même pianistique, est toujours une polyphonie, un *chœur* constitué par des mélodies indépendantes, où tout est disposé selon une loi des nombres. Les développements des parties ne sont pas plus que le reste livrés au hasard. Ce sont arabesques qui courent autour du thème, en dépendance étroite avec lui, et avec la seconde, la troisième et la quatrième voix, régies elles-mêmes par cette mathématique intérieure.

On me dira que ces règles sont appliquées communément, et dans le même esprit, par les compositeurs des divers pays. Flamands, Français, Italiens ne participaient à aucune *Verein*, et cependant on les voit combiner leurs architectures de sons avec ce souci de technique chorale qui fut la gloire de la Renaissance. Leur langue également est condensée, et comme celle des Allemands qui suivront, renferme beaucoup de choses en peu d'espace. Elle a même précision, même concision, même densité.

Cela est vrai, mais on le sait bien aussi : ailleurs l'on abandonna peu à peu cette étroite discipline, que l'on confondit sottement avec la tyrannie scolastique. On voulut de l'air, de la liberté. A la longue, chacun finit par se faire un métier selon son goût, selon son degré de science ou d'ignorance, selon la fantaisie ou la subtilité de sa nature, selon les besoins du public.

*
* *

Il n'y a que chez les Allemands que l'on s'en tint rigoureusement aux principes.

Et de quel respect ceux-ci les ont entourés !

L'application à construire de bons plans, de

bons dessins mélodiques, à soigner le dispo-
sitif des voix, à équilibrer les parties, à ordon-
ner la suite du discours musical, devint aussi
important pour eux que l'inspiration même.
L'écriture musicale, de plus en plus parfaite,
fut élevée à la dignité de « valeur en soi ».
Disciples et maîtres en acceptèrent toutes les
exigences. Que l'auteur fût épique à la manière
de Bach, dramatique et élégiaque à la manière
de Beethoven, qu'il eût les qualités d'urbanité
d'un Mozart et d'un Haydn, il glissa de bonne
grâce sa pensée originale dans la gaine commune. Cela réduisait et appauvrissait un peu
les moyens d'expressions de la musique, qui,
pour épouser la mobilité de nos impressions, a
besoin d'une sorte de liberté illimitée. Mais
comme modèle classique, ou *de classe*, cette
écriture surveillée, asservie à des règles fixes,
était et est restée très précieuse. Riche en
formules, en combinaisons d'un effet sûr, en
précisions tonales, qui se logent aisément dans
la mémoire, nous voyons en elle ce que les
littérateurs voient dans le vocabulaire des
Malherbe et des Boileau. Elle est la langue des
« honnêtes gens » de la musique (1).

Ces traits principaux de la vieille musique
allemande, sa puissance de suggestion qui est

_____

(1) Cf. *Histoire de la langue musicale*, par Maurice
Emmanuel. Tome II, pp. 412, 470.

incomparable, sa généralité et son universa-
lité, d'où ressort qu'elle est vraie pour tous et
accessible à tous, enfin sa valeur d'enseignement, la guerre actuelle ne saurait les effacer.

Personnellement je ne me sens pas du tout
disposé à les renier.

Je compte admirer demain, comme je l'ai fait
hier, ces œuvres uniques au monde. Que dis-je ?
Ce serait peu d'affirmer qu'elles me sont néces-
saires comme formes éducatrices et comme
modèles de beauté. Elles sont en un sens la
mesure et le mètre sur quoi je juge le reste.
Vingt fois je l'ai observé ; après une audition
de très bonne musique moderne, après une
heure de César Franck, ou de Saint-Saëns, ou
de Fauré, je reviens à Beethoven pour me faire,
par comparaison, une idée distincte de nos ma-
nières actuelles de sentir. Examen souvent plein
de surprises ! Il m'est arrivé de voir s'effacer
complètement, dans l'illumination du vieux
texte, la page qui tout à l'heure me charmait.
Beethoven m'était plus présent, il me parlait
plus directement, il m'était meilleure nourriture.

Ce contact des grands génies allemands, en
vérité, s'impose à tous comme il s'impose à moi.
Il commande les pensées de tous les temps.

CHAPITRE DEUXIÈME

**L'Allemagne musicale et le génie latin.
Son émancipation.
Quelques mots sur Jean-Sébastien Bach.**

Mais on n'a pas épuisé le sujet parce qu'on a isolé et défini la carcasse pédagogique de telles œuvres. Il y a tant d'autres aspects par où elles se font également connaître !

Je viens à quelques-uns de ceux-là, qui, dans le moment présent, se détachent pour moi avec une particulière vivacité.

*
* *

Voici d'abord quelques réflexions d'ordre historique (1).

Longtemps avant la guerre, nous nous étions rendu compte des très notables différences qui éclatent entre les productions de la vieille et celles de la nouvelle Allemagne. Mais, comme s'il se fût agi d'un fait banal d'évolution, les uns, plus érudits, trouvaient de l'intérêt à en disserter

---

(1) On lira avec intérêt sur l'histoire de la musique en Allemagne: *L'Esthétique de J.-Sébastien Bach*, d'André Pirro ; *Les Musiciens d'autrefois*, de Romain Rolland ; *Haydn*, de Michel Brenet, etc

comme on l'a fait de tout temps des anciens et
des modernes. D'autres, plus sensibles aux
avertissements du goût, se bornaient à déclarer
leurs préférences, qui allaient le plus souvent
aux vieilles traditions. D'autres enfin, plus
dilettantes, prenaient le parti d'admirer sans
distinction le neuf et le vieux. Il ne venait à
l'esprit de personne de dresser l'un contre
l'autre les deux dogmes, issus de conceptions
si différentes.

Nous y avons regardé de plus près depuis la
guerre. Et il nous apparaît que l'ancienne
Allemagne nous demeure sympathique, parce
qu'en réalité elle fut l'antithèse même de la
récente Allemagne.

I

Car elle était très peu nationale, cette antique
nation. Divisée, morcelée, soumise à cent
influences, docile et prenant le mot au dehors,
elle était encore toute baignée de civilisation
latine. Indépendante en soi, je le veux, éprise
d'aspirations divergentes, c'est certain, mais
tout de même sœur de lait de la France et de
l'Italie.

Elle subissait, comme nous, l'hégémonie
artistique de la Rome du xvi⁰ siècle. Pendant
plus de trois cents ans l'emprise de la Renaissance fut partout profonde, indiscutée. Non

seulement tout homme d'élite, qui avait de la curiosité, regardait vers l'Italie ; mais le voyage à la Ville Éternelle était le complément nécessaire de son éducation. La célébrité des écoles y attirait des pèlerins du Beau, non moins que les grands souvenirs de l'antiquité. Beaucoup d'Allemands fameux, Hasse, Haendel, Mozart, Schutz et plus tard Gluck n'ont été d'abord que des italianisants, ou même des Italiens sans la naturalisation. Leurs affaires les appelaient loin de Rome, mais ils y revenaient toujours. Le pays natal ne leur valait rien. Leur génie, à Hambourg, à Leipzig ou à Dresde, s'étiolait et se desséchait comme une plante qui manque de soleil. Il fleurissait au contraire et se gorgeait de sève dès qu'il était de nouveau plongé dans ce cercle de lumière et de vie.

Ce qu'eût été la musique allemande sans ces longs et fervents pèlerinages des grands Allemands en Italie, on peut difficilement l'imaginer ; tandis qu'on n'a pas de peine à établir les gains qu'elle en a retirés.

Le plus évident est l'art mélodique.

Le *bel canto* n'est pas d'origine germanique. Il a été importé en Allemagne par de dociles Teutons, frottés d'urbanité et de gentillesse à l'école des Peri, des Caccini, des Marco da Gagliano, des Rossi. Ces exportateurs de beauté n'ont pas renoncé pour cela à leurs qualités, à leur science chorale sévèrement construite, mais

ils ont mis leur application à voiler la trame
sous les grâces de la forme. Si bien que la forme
allemande a fini par être, en bien des cas, aussi
aimable, aussi finement ouvrée que l'italienne.

Cela est particulièrement sensible dans
l'opéra.

Jusqu'à Wagner, l'Allemagne n'a pas, dans ce
genre, exploité de veine propre. Les bourgeois
du Brandebourg ou du Hanovre sont tombés
d'accord, sans se consulter, avec ceux de la
Bavière et de la Saxe pour avoir, dans les
grandes villes, un opéra italien, des chanteurs
italiens, des *primas donnas* italiennes. Leurs
compositeurs ont emprunté à l'opéra italien le
cadre, les scénarios, les décors, les danses, les
airs, les vocalises, les récitatifs, toute la floraison
légère de cette musique-plaisir, — qu'ils ont
cultivée du reste avec la même passion que
l'autre.

A ce jeu leur esprit s'est encore assoupli, leur
art s'est humanisé. Et le public, d'un bout à
l'autre de l'Allemagne, a connu les délicatesses
d'idées les plus étrangères à ses mœurs. Dans
quel esprit un auditeur de Berlin pouvait-il
entendre la *Flûte enchantée*? — Je ne sais. Mais
qu'il le veuille ou non, être là, et applaudir à ces
exquises et fluides sonorités, c'était affirmer la
victoire de l'idéal latin sur son idéal à lui. De son
côté Mozart, le Viennois, se moquait bien de la
politique de l'Autriche lorsqu'il écrivait les chefs-

d'œuvre qui ont immortalisé son nom. Et si son pays lui eût proposé de troquer l'air de *Zerline* contre le royaume de Saxe, il eût préféré demeurer l'auteur de l'air de *Zerline*.

II

Pendant cette période il importe assez peu de naître en deçà, plutôt qu'au delà du Rhin ; ce qui importe, c'est de savoir si tel musicien a parlé la langue internationale des sons, ou s'il a gardé son accent local. Le réfractaire, l'autochtone, fût-il allemand bon teint, n'a pas laissé de trace. Il y a peut-être sur lui quelque légende, quelque bon propos, comme l'érudition, faute d'en trouver, en a tant forgé. Il n'y a pas d'histoire. Au contraire le métis a fait fortune même lorsqu'il est resté gothique par l'esprit, comme Haendel, ou qu'il a estropié, comme Gluck, la science des vieux maîtres de son pays.

Essayez de reprocher à Haendel la carrure allemande ; son œuvre, souple, nerveuse, spirituelle, d'une vie somptueuse, d'un coloris ardent vous explique qu'il est le moins allemand des hommes. Et l'histoire vous le confirme, quand elle vous apprend qu'il fut le compositeur officiel de la cour d'Angleterre et vraiment anglais de cœur.

Essayez de reprocher à Gluck sa pauvreté polyphonique, la misère de ses thèmes et de sa

symphonie ; son œuvre d'un pathétique intense,
et en même temps si poétique, qui s'offre comme
la réalisation des plus beaux rêves d'âme, vous
apprend que ce Germain pense à travers l'âme
d'Orphée.

Ainsi des autres grands Allemands de ces
temps-là.

*
* *

C'est pour nous un permis d'admirer sans
réticence des œuvres où l'âme méditerranéenne
est à ce point mêlée à l'âme austro-allemande.
On se sent un poids de moins sur la conscience,
avec une joie grossie d'orgueil, en applaudissant
des étrangers, de n'être point en désaccord
avec sa race. Nous saluons avec allégresse la
preuve que notre dévotion à Haendel, à Schutz,
à Mozart est d'une stricte orthodoxie. — Et l'on
a d'autre part la satisfaction de penser que cette
orthodoxie unissait au lieu de diviser les élites.
Ce que l'on sait d'Érasme accueilli par les
grands de tous les pays, loué par toutes les
nations, montre que l'Italien et l'Allemand,
le Français et l'Anglais, pourvu qu'ils fussent
un peu initiés aux lettres, se retrouvaient et
s'aimaient dans l'humanisme de ce bel esprit.
De même les musiciens de tous les pays se
reconnaissaient et s'aimaient dans la culture
d'un Mozart et d'un Haendel. Car, tout autant
que les lettres humaines, leur musique révélait

les aspects familiers d'une même nature spirituelle, et en exprimait les mêmes nuances
sociales. En elle rien d'impérieux, rien de raide.
Sur ceux qui l'écoutaient, elle répandait une
grande douceur de vivre. Elle ouvrait des
sources de joie dans les âmes les plus arides.
Elle n'excluait personne que les sots. Et encore
elle recommandait envers eux, comme envers
le reste des hommes, la mesure et la modération. Au total, quand on l'aimait, elle rendait
l'âme inaccessible aux discordes et aux haines.
Elle pouvait incliner à l'indifférence, jamais à
la guerre.

III

Mais un moment vient dans l'histoire de
l'Allemagne où celle-ci s'émancipe et ouvre
un cycle nouveau. N'a-t-elle pas une histoire
à elle, une littérature et une philosophie à elle ?
Pourquoi n'aurait-elle pas une musique à elle ?
Produire des œuvres d'imitation, ou même des
œuvres originales mais contrôlées par le génie
latin n'a dû lui convenir qu'autant qu'elle
n'avait pas les moyens de produire selon son
tempérament et ses goûts. Avec les années elle
a pris nettement conscience de ces possibi-
lités. Et elle a fini par tenter de fonder un art
allemand.

*
* *

Ne cherchons pas à fixer une précision chronologique. La sève du germanisme n'a fait connaître ses vrais fruits qu'après leur maturation. Ceux-ci, durant l'époque où ils n'étaient pas noués, avaient leur suc et leur poison, sans qu'on les distinguât l'un de l'autre. Même aujourd'hui une analyse rétrospective, si bien conduite fût-elle, aiderait à peine à les déterminer exactement. D'autre part l'évolution n'est jamais rectiligne. Ici elle avance, là elle recule, ailleurs elle dévie ; dans certains cas elle stagne, dans d'autres elle procède par bonds. Comment alors dire avec certitude : « dans ce lot d'auteurs anciens, voici le pur germain ; le pangermaniste, c'est déjà celui-là ? » Par exemple au point de vue littéraire, est-ce à Nicolas de Cuse que le germanisme commence ? — Peut-être. Mais alors Érasme, qui vient après lui, serait donc un Germain renforcé ? La date dit : oui ; l'histoire dit : non. Il en est de même pour la musique. Beethoven est postérieur à Bach, est-il plus Allemand que Bach ? — Non. Et Haydn l'est-il plus que Mozart, Gluck plus que Haydn ? — Aucun des trois ne l'est extrêmement... Ainsi il n'y a pas, dans l'histoire de la pensée allemande, une *date-borne*, qui sépare les périodes et jalonne les temps. Les divisions commodes comme celles-ci, dont on abuse : après Luther, avant le romantisme, avant X, après Z, ne sont que des trompe-l'œil (1).

* *

On peut plus aisément indiquer une précision psychologique.

A mesure qu'elle s'est émancipée et à proportion qu'elle a rejeté les monitions et les postulats de l'idéal latin, l'Allemagne s'est surestimée d'une manière naïve et aveugle.

Sainte-Beuve dit de Frédéric le Grand : « Il ne croyait pas que quelque chose valût mieux que lui. » Axiome d'orgueil que l'on retrouve à l'origine de toutes les transformations et de toutes les innovations allemandes. Sur lui se fondent et la religion du « sens propre », ou individuel, forme très spéciale de l'hégémonie du moi allemand, et la thèse de l'*allemanité* de Fichte, dont la caractéristique est « d'empêcher la fusion de la nation allemande avec un peuple étranger », et la théorie du *peuple élu* de l'historien Treitschke, selon laquelle l'Allemagne a pour mission de former les autres nations à son image. Deux concepts sont ici réunis et soudés l'un à l'autre : le concept d'excellence et celui

(1) Lisez, à ce sujet, la *Germania*, de M. René Lote. Paris, Berger-Levrault.

d'opposition. S'affirmer comme excellent ne suffit pas au moi allemand, il se dresse contre tout autre moi. « Il se pose, en s'opposant. » Mais voilà justement la sottise.

L'esthétique allemande abandonnée à elle-même se dérègle et se détraque. Il lui fallait, pour demeurer harmonieuse, se soumettre, se subordonner aux règles communes du goût, lentement élaborées par les siècles. Celles-ci écartées, une forme monstrueuse apparaît.

Imaginez l'outrance et l'excès en tout. Le grand devient le démesuré, le vif devient le violent. Plus de souplesse, plus de grâce. Les auteurs profonds sont ultra-ténébreux ; les passionnés sont convulsionnaires ; les méditatifs s'engouffrent dans le mysticisme ; les combatifs rêvent d'hécatombes théâtrales... En même temps le mauvais ton et la grossièreté ataviques, que voilait chez ces disciples la timidité révérentielle envers les maîtres, débordent de toutes parts. Maîtres à leur tour, ils étalent leur vulgarité libérée. Nulle circonspection, nulle retenue. Leur sensibilité même ne les sauve pas, car, chez beaucoup, elle devient épaisse et brutale, comme si elle était moins affectée par la qualité que par la violence des émotions.

Nietzsche a eu l'intuition de ce que perdait son pays à fausser compagnie aux Latins. Dans ses *Considérations inactuelles,* livre qui n'est qu'à demi boche, il montre que l'Allemagne se méprend singulièrement quand elle croit substituer une culture à une autre. En réalité, dit-il, « elle tourne le dos à la culture même ». — Les initiateurs de ce mouvement sont des faux cultivés, des Philistins satisfaits, *Bildungs philister,* et l'organisation qu'ils donnent à l'empire un « philistinisme systématique et triomphant ».

Ce n'est pas que l'Allemand, émancipé du Latinisme, ne fasse effort pour garder l'élégance. Il en fera plutôt un dogme que d'y renoncer, car il croit à tort que c'est par le maintien et la parade que la civilisation latine avait, avant que l'Allemagne fût née, établi son prestige. La culture allemande a ainsi un vernis niais de bonne tenue, une sorte d'affectation de grandeur vaniteuse et de morgue choquante. — Nietzsche, qui décidément n'est pas tendre pour son pays, appelait cela de la « barbarie stylisée ».

Et il ajoutait avec profondeur : « *Il cherche, cet esprit allemand !* Et je le hais parce qu'il cherche, et parce qu'il refuse de croire que l'Europe ait depuis longtemps trouvé ce qu'il cherche. » (*Œuvres,* I, 186 ss.)

IV

Mais à quels musiciens, dites-vous, s'applique ce pamphlet ?

— A tous les modernes Allemands... et,

avec mesure, à ceux des anciens qui n'ont
pas, comme Beethoven, Mozart, ou Gluck, ou
Haendel, fait leur soumission à Rome.

— Quoi ? Vous visez le grand Jean-Sébastien
Bach ?

— Peut-être.

— C'est une impiété.

— Non ; car visiblement Bach échappe à la
moitié et plus de ces critiques ; comment donc
les lui adresserais-je ? Mais visiblement aussi il
est atteint par quelques-unes ; et comment
m'interdirais-je de les lui adresser ? D'autant
que j'accorde d'avance qu'à cette distance de
nous, et mêlés à tant de génie, ces défauts
de Bach n'avaient aucun caractère odieux. Ils
n'étaient qu'un trait de race, un pli de l'âme
nationale. Je vais plus loin : ils avaient de la
dignité. On a pu de bonne foi les prendre pour
des qualités éminentes.

Convenons pourtant que ce Saxon de bonne
souche reflète déjà, dans son esthétique, le
peuple militaire et bourgeois, lourd de principes
d'orgueil et fermé à autrui, que Fichte plus
tard a défini.

Voilà un homme qui connaît parfaitement
bien la musique italienne et la française. Il s'en
inspire à l'occasion, par boutade, et pour
montrer qu'il y excelle, si cela lui fait plaisir.
Mais son système — car, en vrai Allemand, il
est systématique — est rigoureusement hostile

aux libertés françaises, telles que nos contrapuntistes les pratiquent. En cela — je le déclare après d'autres plus autorisés que moi — il a fermé à l'art d'admirables voies, tandis qu'il attirait à son art à lui toute une clientèle. « Jean-Sébastien, écrit Maurice Emmanuel, fut le sévère ordonnateur d'Ut majeur, considéré comme pontife et roi. » Avec lui la tonalité triomphe de la modalité. Et comme il est opiniâtre et ne fait pas quartier, non seulement il interdit tout recours aux anciennes échelles sonores, mais il « enferme les musiciens dans le cercle tonal, comme dans les limites de leur salut ». La discipline du contrepoint et de la fugue n'exigeait pas cet excès de réglementation et ce caporalisme. Initier les musiciens à ce régime aurait pu lui suffire. Les « enfermer dedans », c'était trop.

Bach aime le solide. Ses procédés de construction, l'amalgame de ses fragments thématiques qui se succèdent, se superposent, s'associent ou se combattent sont des chefs-d'œuvre d'architecture sonore. A ce point de vue il passe tous les classiques. Il est pour nous le Musicien, comme Aristote est le Philosophe. Mais prenez garde que s'il bénéficie d'une sorte de culte officiel comme le Stagyrite, il finit par en partager l'impopularité. Trop de sagesse ennuie. Trop de raison assomme. Avec cela les proportions démesurées de ses œuvres ajoutent à notre

accablement. Nos auditoires parisiens ne s'en
rendaient-ils pas compte lorsqu'ils demandaient
la disjonction des parties dans la *Passion selon
saint Matthieu*, ou la *Messe en si mineur ?* Au
fond ils avouaient par là ne pas pouvoir admirer,
avec un plaisir soutenu, ces constructions
énormes, massives, cyclopéennes.

Un autre grief, c'est que l'écriture de Bach, si
somptueuse qu'elle paraisse, n'est assez souvent
que la répétition, sur des plans uniformes, des
mêmes riches dessins, et, pour tout dire, des
mêmes formules. Qui a entendu quatre ou cinq
cantates de Bach en a entendu trente. Ce ne
sont pas seulement les idées qui se ressemblent, c'est le tour qui est invariable, c'est le
cadre qui est inamovible. On ne trouve pas seulement le même esprit partout, on y trouve
le même matériel, les mêmes conventions.
Aucune trace fraîche de la nature, aucune négligence, aucun laisser aller : c'est adroit, c'est
brillant, c'est verveux ; mais c'est concerté (1).
— Nul ne s'en choquait alors. Personne, ni
parmi les auditeurs, ni parmi les auteurs ne
réclamait de l'indépendance et de l'originalité.
On demandait de la musique, qui fût vraiment
de la musique ; et c'était tout. Or à ce jeu Bach
gagnait toujours. Il révélait à son auditoire
charmé ce que le génie, qui se répète et qui

(1) Un ami me fait remarquer que ces rythmes, en général,
marchent « au pas de parade ».

improvise, peut produire de variétés triées de
la même farine. Son grand mérite c'est de pré-
senter les plus ingénieuses applications des
règles, avec la gravité d'un *herr doctor* et
l'autorité d'un saint (1).

*
* *

Certes j'admire autant que qui que ce soit les
qualités morales de cette musique : son air de
plénitude, de certitude, de paix profonde, qui
est le caractère distinctif de la personnalité de
son auteur. Même cela serait pour moi sans prix
si l'on affectait d'oublier le revers de tant de
vertu... Si riche, si hautain, si noble, si chaud
de cœur, avec une tête si calme, si vivant, si
alerte, si habile, si copieux, son germanisme
tout de même me le gâte.

J'imagine un homme arrêté dans sa culture
et son développement, cependant prodigieux.
Je vois, dans sa carrière large et pleine, des

(1) Le même ami, à qui j'ai communiqué les bonnes feuilles
de la présente étude, m'écrit : « Je partage en presque
totalité vos idées sur Bach ; mais je le défends contre moi-
même par une constatation de fait : ce musicien fut avant
tout un grand prêcheur, un grand chrétien. Sa musique
est monotone comme la prière et le sermon. Somme toute,
c'est un art désintéressé, pieux, — piétiste même, si vous
voulez, — et qui rarement se dégage des préoccupations
spirituelles. Faute de lui concéder ce droit, on le méconnaît. Souvent il me fatigue, dans ses *Passions* et ses
Cantates. Mais alors je me dis : prie mieux, et ce grand et
noble frère t'y aidera. »

bornes qu'il a plantées, un monde qu'il s'est
interdit de connaître. En sorte que ce beau
génie reste incomplet, restreint, incurieux de
mille beautés, que la nature et la vie appren-
nent à ceux qui les interrogent avec l'âme qu'il
faut.

Les critiques du temps, les Scheibe, les
Marpurg, les Fasch s'en expliquent un peu à
tort et à travers, avec une sincérité malapprise
et vulgaire. Ils disent que ce « violent forgeron
de cantates » ignore le *naturel* et la *simplicité ;*
qu'il est « outré et ampoulé, » qu'il manque
surtout d'agrément « *Annehmlichkeit* ». Ils lui
reprochent sa religion « pleine de regrets et
d'angoisses », pleine aussi de « menaces ». C'est,
d'après eux, un « ascète fourvoyé dans un
salon »... Surtout c'est un auteur « difficile à
jouer » dont on n'arrive à bout qu'avec effort.

Tout cela est bien incohérent et ne dénote
pas une fine analyse, mais il est impossible de
méconnaître que ces méchants critiques soulèvent le voile et nous incitent au doute.

Qu'a-t-il manqué à J.-Sébastien Bach ?

Il lui a manqué de se subordonner à la sagesse
antique. Le Christianisme ne le lui défendait
pas ; témoin : Mozart. L'Art supérieur, dont il
était le mage et le prophète, le lui commandait.

Aussi bien les joies que je demande à la musique ne sont pas toutes dans Bach. Je me sens
à l'étroit dans son style et dans ses méthodes.

L'air, semble-t-il, y est mesuré. Mon oreille est plus curieuse, plus subtile ; mon imagination est plus exigeante que l'auteur ne l'a pensé... Si Bach avait fréquenté avec humilité et docilité cette école de modération, où la grâce et le charme sont familièrement associés au sublime, comme il eût échappé à l'emprise trop absolue de sa race, il eût acquis de quoi nous convaincre et nous vaincre. Tandis qu'il est resté fruste, emporté, violent, il fût devenu aimable et policé. Plus de lourdeurs, plus de rudesses dans sa manière. Ce têtu qui ressasse impitoyablement la même chose eût été à la découverte, et il eût trouvé à exploiter quelques-uns de ces pâturages d'azur qu'Homère, Sophocle et Platon explorèrent les premiers. Il fût entré dans « la sérénité souveraine des Raphaël et des Titien ».

Je me représente alors son œuvre renouvelée. Quelle *Cité de Dieu* ensoleillée, où la musique agile, étincelante du bonheur se substitue à l'autre, où l'éloquence des sons, aussi affirmative, résolue et puissante, rayonne en même temps d'atticisme. L'ensemble en serait vif, naturel, aisé, multiple d'aspects, avec ce je ne sais quoi d'ineffablement humain qui enivre et qui ravit...

Mais précisément Bach, ce n'est pas cela ; et c'est plutôt tout le contraire.

*
* *

Or admirez la puissance de la mode chez nous, avant cette guerre. Des autres classiques, de ceux qui se rapprochent le plus de notre complexion spirituelle, et dont l'âme s'est comme entendue d'avance avec la nôtre, quelques-uns n'étaient cités que pour mémoire. Les meilleurs n'étaient auprès du « Père Bach » que des figurants. Même Beethoven subissait l'effet de ce voisinage écrasant. On cite des « mots » contre Beethoven; on n'en cite pas contre Bach. J.-Sébastien était un article de foi. On le confessait de bouche dans toutes les confréries. Et nous, en sa faveur, gracieusement nous faisions le sacrifice de nos droits d'auditeurs. Puisque les professionnels du goût trouvaient tout admirable en lui, les moins mélomanes se récriaient d'admiration par devoir. La critique sur lui était prescrite, la glose était définitive, irréformable. Point de paroles ; il fallait tout entendre sans redresser le front, dans une attitude dévote (1).

Quelquefois pourtant, quel *pensum* !

Assurément, je le répète, il n'est pas question

(1) Quelques esprits supérieurs échappaient pourtant à cette superstition. Par exemple la liberté de jugement, le délicat bon sens d'un Pierre Lalo, sur ce sujet, m'enchantaient.

de secouer complètement cette tutelle ; d'abord
pour ce que le grand Jean-Sébastien a de commun avec tous les classiques, et ensuite pour
ce qu'il a en propre. Nos étudiants, au Conser-
vatoire, à la Schola, ne délieront leur langue
embarrassée que s'ils parlent de leur mieux sa
langue sonore. Notre public frivole aura toujours intérêt à ouïr un *concerto,* une fugue, un
air de cantate, signés de ce nom. Nos chorales
surtout ne pourront jamais se passer de Bach.
Il est, pour elles, ce que Schubert est pour les
solistes : la règle vivante du chant (1).

Mais c'est librement et en choisissant que
nous le goûterons. Surtout nous ne supporte-
rons pas qu'on en charge le menu jusqu'au
rassasiement.

———————

(1) A moins que l'on ne préfère Haendel, plus clair, plus
rectiligne, plus logique encore que Bach.

CHAPITRE TROISIÈME

L'humiliation de l'Allemagne profitable au génie
de ses grands hommes.
Le Romantisme de Weber à Schumann.

Mais si l'Allemagne a rêvé de bonne heure
de « *s'opposer* » aux autres peuples et de les
dominer, si elle s'y est appliquée dès qu'elle a
pu remuer ses armées et aligner ses canons,
elle n'y a pas réussi tout de suite. Il est constant
même qu'elle y a d'abord échoué « colossale-
ment ». Des générations ont passé qui n'ont
connu que déboires et humiliations. La paix de
Tilsitt, en 1807, mettait en quarantaine l'orgueil
teuton et rejetait pour longtemps l'Allemagne
à une utile et profitable obscurité.

I

Nous le disions plus haut, mais c'est le cas
de le vérifier ; accroissement de puissance, pour
elle, signifie : sottise débridée, aveuglement,
démence. Perte de puissance au contraire signifie : gains de toutes sortes.

Cela est particulièrement vrai dans le domaine de l'art. La grande époque de la littérature

allemande, c'est l'époque de l'abaissement de l'Allemagne. De Wieland à Heine, quelle lignée d'auteurs célèbres ! De même, en musique, de Weber à Schumann, quelle floraison d'œuvres divines !

On veut généralement que les « discours de Fichte, à cette même époque, aient rendu la conscience d'elle-même à l'Allemagne. Et l'on entend par là que, soulevée par cette éloquence rageuse et sublime, celle-ci a eu le pressentiment de ses revanches et des destinées immenses qu'elle devrait réaliser. — A la vérité, on ne peut guère trouver dans les œuvres du temps l'écho de cette fanfare. Fichte fut un précurseur méconnu comme tous les précurseurs. Il a parlé avant les temps. Et ce sont les temps qui lui ont donné raison, non ses auditeurs, assommés par l'épreuve. On l'écoutait pourtant. On essayait de l'entendre. Même le fougueux Weber un moment grossit cette philosophique voix du tonnerre de la sienne. Dans la patriotique cantate *Kampf und Sieg*, il exalta les facultés guerrières de sa race, et tira de la victoire de Waterloo tout ce qu'elle contenait d'espérance et de fierté. Mais ni lui, ni les autres, n'y pensèrent plus deux mois après. Et sa cantate ne fut même pas jouée deux fois.

C'est que Waterloo fut surtout le triomphe de l'Angleterre. A Munich, à Dresde, à Leipzig, à Berlin, à Heidelberg, on ne ressentit guère

que la joie d'avoir écrasé le monstre. Et après
on retomba dans la routine locale, alimentée par
les discussions et les haines (1).

Il est remarquable qu'alors l'Allemagne intellectuelle se mêla et se fondit de nouveau avec
ses voisins et ses rivaux. Ce n'est pas seulement
dans les provinces du Rhin, si marries d'être
devenues prussiennes, qu'on garda l'admiration
pour les Français et qu'on vécut, qu'on pensa
à la française. C'est dans toute l'Allemagne.
Quelque jugement qu'on porte sur la qualité de
notre influence, et même si l'on est obligé de
regretter la puissance de suggestion qu'ont eue
les idées révolutionnaires de chez nous, il faut
reconnaître que nous avons été, pendant
cinquante ans au moins, malgré notre défaite,
les tuteurs de ces Boches, aujourd'hui si arro-
gants. Mme de Staël, grande admiratrice de
l'Allemagne, le confesse aux bons endroits
de son livre avec ingénuité. Elle, qui nous fuit
en Allemagne, ne peut s'empêcher de nous y
retrouver partout.

Dans les cercles intelligents et délicats d'alors
on ne discutait même pas ce point. Gœthe

(1) Voyez *Histoire des Deux Peuples*, par Jacques Bain-
ville. Stein, dans son journal, nous dit que le grand mouvement national de 1813 se termina, après 1815, par un retour
pur et simple aux querelles et aux rivalités d'autrefois,
« vraie honte des patriotes allemands », pp. 216 à 220.

écrivait : « Comment pourrais-je haïr la nation la plus civilisée de la terre, et à qui je dois une si grande part de mon propre développement ? » Et nous savons par sa correspondance qu'à mesure qu'il avançait en âge il lisait plus assidûment La Fontaine, Molière, Montesquieu, nos chroniqueurs et nos poètes. De même Schiller visait à la « sobriété française » qu'il considérait comme « la règle du goût ». Klopstock, avant d'écrire la *Messiade*, a chanté dans des odes fameuses la révolution de France. Herder nous jugeait un peu de haut et affectait avec nous un certain « quant à moi », mais sans venin ; et il prenait bravement son parti de notre supériorité. Quant à Heine, écoutez comment il reçoit le choc des journées de Juillet :

« Helgoland, le 10 août 1850.

« ... Lafayette, le drapeau tricolore, la *Marseillaise*... C'en est fait, je n'aspire plus au repos... Maintenant, je sais de nouveau ce que je veux, ce que je dois faire... Moi aussi, je suis le fils de la Révolution, et de nouveau je tends les mains vers les armes sacrées, sur lesquelles ma mère a prononcé les paroles magiques de sa bénédiction... Des fleurs, des fleurs ! Je veux en couronner ma tête. La lyre aussi, donnez-moi la lyre, pour que j'entonne un chant de guerre... Des paroles comme des étoiles flamboyantes, qui en tombant incendient les palais

et éclairent les cabanes... Des paroles comme
des dards brillants, qui pénètrent jusqu'au
septième ciel... Je suis tout joie, tout enthousiasme... En vain je plonge ma tête dans la mer ;
nulle onde ne peut éteindre ce feu grégeois. Ce
coup de soleil parisien nous a tous rendus fous,
surtout les Berlinois qui sont ici en grand
nombre (1). »

Encore une fois négligeons le motif qui provoque ces hyperboles, ne constatons que l'accord et l'harmonie des tendances. Les grands
Allemands, dont la *Kultur* s'honore, n'auraient-
ils pas été traîtres à cette *Kultur,* pendant plus
d'un demi-siècle, en nous aimant ?

II

Les musiciens allemands ne paraissent pas
avoir fait bande à part.

Nous avons la correspondance de Schumann
comme celle de Gœthe. Nous connaissons aussi,
par le menu, la vie du lettré et disert Mendels-
sohn, et de Schubert, dont l'œuvre est un écrin,
gonflé de perles. Nulle part, dans ce dossier, je
ne trouve de pièce suspecte, je ne découvre la
trace d'une inimitié avérée, je ne vois l'expres-

(1) *L'Allemagne,* tome II, **p. 31.** Même le nationalisme
« libéral », aujourd'hui si impérialiste, ne se recommandait
alors que des idées françaises de raison et de liberté.

sion d'un dédain, d'une moue, que nous serions en droit d'interpréter comme une injure.

Le plus allemand des premiers romantiques, c'est peut-être Weber. En tous cas, Richard Wagner, son disciple, l'a dit sur sa tombe en termes enflammés.

« Vois... Maintenant l'Angleterre te rend justice, la France t'admire, mais, seule, l'Allemagne peut t'aimer ; tu es sa chose, tu es un beau jour de son existence, une chaude goutte de son sang, une parcelle de son cœur. Qui donc nous blâmerait d'avoir voulu que ton corps devienne une parcelle de son sol, du sol de la chère patrie allemande. »

Assurément le Weber, combatif et violent, qui avait voulu entraîner son pays à la suite de Fichte, se serait associé avec passion à quelque belle œuvre de gloire. Mais, je l'ai dit et le répète, la fougue nationaliste n'étant pas alors entretenue, Weber vécut, comme les autres, dans une demi-inconscience des problèmes et des conflits qui pouvaient surgir. En fait, dans les années de recueillement, de 1818 à sa mort, on ne cite même pas de lui une vivacité contre les Français. Il méprisait l'art italien ; il a dit sur Rossini le pire qu'on puisse dire. Mais dans le même moment, il lui préfère, — qui donc ? — Méhul et Boieldieu... Soyons sensibles à la flatterie.

Il y a mieux.

Ainsi que le remarque Ferdinand Bac, dans une récente étude de la *Revue des Deux-Mondes*, et d'après des renseignements précis sur la littérature d'outre-Rhin depuis la guerre, l'Allemagne contemporaine tient son passé d'avant 1870 dans un mépris secret, précisément parce que ses grands hommes, en ce temps-là, n'étaient pas assez allemands.

« Plus nous semblions, disent les contemporains, déserter les biens de la terre, et plus nos voisins, heureux de cette stagnation dans l'intangible, nous abandonnaient les lauriers des luttes métaphysiques et des ambitions purement spirituelles. Nos écrivains se nourrissaient de songes creux et s'enfonçaient dans la puérilité des mélancolies... » Et ils ajoutent : « C'est une plaisanterie qui a assez duré. »

Enfin ce qui fut dans l'Histoire un titre à l'admiration, ce *gemuth* des Allemands, infiniment doux et profond, qui avait séduit le monde, et que le monde considérait comme le privilège de leur race, ils le tournent en dérision (1). Cela les impatiente. Vous verrez qu'ils en viendront à bouder Beethoven et Schumann, parce que ceux-ci sont trop humains. Et c'est nous,

---

(1) *Revue des Deux-Mondes*, 15 oct. 1915, p. 864.
C'est l'explication du mot, devenu rapidement célèbre, de Beethmann-Hollweg : « Nous avons désappris la sentimentalité. »

qui tireront du mépris boche la *Neuvième Symphonie* et les *lieds* (1).

Ce sera de notre part du patriotisme, comme c'est être patriote, en Allemagne, que de bannir la pitié.

On pourrait du reste établir des concordances frappantes entre les préoccupations intellectuelles et morales des deux pays, à cette époque romantique. Toute l'œuvre de Schumann est sœur de celle de Musset, Schubert fait songer invisiblement à Lamartine... les lecteurs de *René* pourraient-ils considérer comme des étrangers les lecteurs de *Werther?* Les admirateurs de Berlioz seront-ils insensibles à l'œuvre de Gœthe?

Nous sommes donc fidèles à nos pères de 1830 en gardant à ces auteurs notre sympathie. — Mais les Allemands ne peuvent pas aujourd'hui chanter *Rosemonde* et les *Deux Grenadiers* sans éveiller en eux des remords. Et comme c'est le cas de tous ceux qui veulent étouffer des remords, ils n'apaisent leur conscience qu'en la faussant. « Notre ciment national est fait de haine, disent-ils... Que les Allemands soient tous unis dans une haine commune *in einen Hass vereint.* » Et ils jurent, ils blasphèment comme des damnés.

(1) N'ai-je pas lu, dans une chronique de Leipzig, que l'auditoire, récemment, avait sifflé l'*Ode à la Fraternité* qui couronne la Neuvième Symphonie?

CHAPITRE QUATRIÈME

Peut-on encore jouer
du Wagner en France ?

I

Wagner est le type le mieux choisi pour qui veut distinguer ce qui est la tare du germanisme ; car nul ne nous offre plus que lui en relief, en même temps que le meilleur, le pire du type allemand.

Le meilleur est merveilleux ; n'en marchandons pas l'aveu.

On n'a pas le droit, par esprit de représailles, de nier l'évidence. Or, que Wagner nous ait appris certaines routes de rêve vers l'Infini, que nul n'avait fréquentées avant lui, c'est l'évidence. Ni Beethoven, ni Bach ne nous aident, malgré l'hypersensibilité du premier et le mysticisme du second, à rêver en dehors et au-dessus de la vie. Wagner y parvient souvent. Nous avons été secoués, dans notre être spirituel, d'un frisson unique, quand nous avons découvert avec lui ces mirages, ces féeries du monde invisible. Il nous sembla être plongés dans une vie des sens,

qui serait en même temps suprasensible :
prologue émouvant d'une existence que la
philosophie spiritualiste définit sans pouvoir la
peindre, et que, dans ses meilleurs passages,
Wagner sait rendre comme présente à l'âme.
L'idéalisme baigne ici et empourpre d'au-delà le
réalisme. Tellement que, dans les œuvres où l'horizon des idées ne dépasse pas la nature — dans
les *Maîtres Chanteurs* par exemple — l'expression du sentiment y prend un surcroît de beauté,
qui transforme l'émotion et l'emparadise.

Cela, paraît-il, inquiète quelques moralistes.
Ils parlent du maléfice de cet art, comme si la
musique de Wagner distillait un mystérieux et
redoutable poison. Nietzsche, par dépit, a vu
dans la fascination qu'elle exerce, une maladie
spéciale contre laquelle sa philosophie devait
servir de talisman. Bavardage et ineptie. L'art
qui excède les capacités du vulgaire n'est pas,
pour cela, un délire ; s'il passe outre aux plati-
tudes communément senties et appréciées, on
peut bien dire qu'il nous dérange ou qu'il nous
déroute, mais non qu'il nous déprave. Wagner
nous mène au point où l'on sent, dans une minute
fugitive, ce que l'on voudrait réaliser de joie,
d'amour, de piété chevaleresque, d'héroïsme.
Appelons cela une chance inouïe. Saisissons
cette aumône du génie à la petite et routinière
sensibilité humaine ; c'est la seule démarche qui
convienne.

Voilà le meilleur. Nous disions plus haut : les classiques allemands réalisent musicalement de la métaphysique, ils font sensible la transcendance des choses qui les remuent. En Wagner, c'est la caractéristique même du génie. — Maintenant voici le pire.

*
* *

Wagner est déjà un délatinisé.

Songez à l'accumulation de solécismes de goût, de morale, de religion qu'est son théâtre ! Avec lui l'invention est débridée ; son étrangeté défie toute comparaison, et son audace rompt en visière à toutes les habitudes et toutes les traditions de l'esprit.

Ce parti pris est si violent que l'on hésite d'abord à y croire. On aime mieux penser que l'on n'a pas compris. Mais Wagner met les points sur les i. Il appuie, il grossit le trait. Il pratique l'insolence allemande dans toute sa candeur. Bientôt son héros dit des sottises avec un inénarrable sérieux. — Comment ne finirions-nous pas par nous en apercevoir ?

D'autres fois Wagner développe des thèmes généraux connus, et la bonne philosophie courante, dont l'humanité a fait sa *Sagesse*. Mais on ne s'en aperçoit pas non plus tout de suite, tant cette philosophie de sens commun est maladroitement présentée, tant elle est enveloppée de niaiseries graves.

Prenez par exemple les discours de Wotan et
de Fricka, au deuxième acte de la *Walkyrie*.
Avez-vous remarqué qu'ils ont une signification
analogue à celle qui se trouve dans l'*Antigone*
de Sophocle ? — M. Ernst nous le révèle : « Les
paroles de Créon ressemblent étrangement au
plaidoyer de Fricka, dit-il. Le tyran qui va faire
périr la fille d'Œdipe tente de justifier sa conduite par des arguments spécieux, tirés du bon
ordre, de l'intérêt général, du respect dû aux
lois » — vieux arguments de tous les temps. —
C'est possible, répondrais-je au savant critique,
mais du diable si je m'en serais douté... Et puis
les discours grecs sont des monuments d'une
autre culture.

Nous mettons à part les *Maîtres Chanteurs*.
Ils sont une composition classique, présentée
avec ordre et d'un goût irréprochable. C'est
sans doute l'œuvre de Wagner qui, même au
point de vue scénique, ne connaîtra jamais de
rides. — Elle est allemande pourtant, pour
le fond comme pour la forme. Car ce n'est
pas chez d'autres peuples qu'on verrait jamais
s'élever une controverse de ce genre entre
deux écoles de chant. Cette querelle est née
d'une passion nationale, ethnique : l'amour
des « beaux sons ». Aussi Wagner est ici à
son aise. Il ne fait pas de philosophie. Il
n'évoque pas la mythologie de l'homme des
Cavernes. Il ne brave ni la morale, ni la rai-

son. Il chante. C'est bien son affaire. Il y est incomparable.

Mais les autres œuvres sont des logogriphes, même *Tristan*, la merveilleuse épithalame (1). Partout, dans ses livrets poétiques, à côté du sublime on trouve de l'absurde, de l'incohérent, de la farce, des mensonges, et beaucoup de bric-à-brac (2).

II

Or disons, à notre honte, que ces extravagances n'ont rebuté personne, chez nous, jusqu'à ces derniers temps.

Dans l'invasion wagnérienne, dit M. Donnay, « l'école française ne fut guère défendue que par les loges infernales du second Empire, et ce petit marmiton de *Lohengrin* tant blagué, et dont maintenant on se prend parfois à reconnaître la prescience patriotique et musicale (3). »

Encore ces quolibets furent-ils vite réprimés. Et depuis la critique s'est au contraire peu à peu laissé circonvenir. Dix ans après 70, c'est au nom de l'Art « *supérieur à toutes les disciplines* », que ma génération a été conviée à

(1) Dans *Tristan und Isolde* Wagner amalgame le pessimisme de Schopenhauer avec l'exaltation amoureuse dont notre roman breton lui a fourni le type.

(2) A la fin de cette étude, à propos de *Parsifal*, je me suis appliqué à relever, dans cette seule œuvre, une multitude de non-sens qu'un Français cultivé ne peut admettre.

(3) *La Liberté* du 21 novembre 1915.

applaudir ces affabulations baroques de légendes qu'au temps de Molière et de Montesquieu on eût flagellées d'une vigilante satire, d'iambes vengeresses, d'épigrammes féroces... Pour nous, en aveugles, éduqués à admirer sur parole, nous subissions « ce ramassis de mirlitonnades » sans sourciller.

De bizarres personnages, habillés en dieux, ou travestis en bêtes sauvages, exhalaient devant nous avec emphase des propos invraisemblables. Et nous n'avons pas ri.

Nous n'avons pas ri non plus devant le déballage de philosophies sybillines, incontrôlables, nous qui, sous Descartes, avons fait une révolution en faveur des « idées claires ».

Nous n'avons pas ri en entendant des héros débiter des tendresses dans un charabia prétentieux, en voyant des vierges casquées, à cheval, menacer de leur lance d'inoffensifs décors.

Nous étions même si affaissés sur nous-mêmes et incapables de réaction que les sonneries guerrières, la charge des Walkyries, et ce Siegfried qui forge son épée, en poussant des *hoch* retentissants, ne nous révélait rien de l'âme allemande, et de l'ambition qu'elle a depuis longtemps de nous manger. Que dis-je ? Il s'agissait bien de discernement et de critique ! Tandis que l'élite brûlait devant l'autel du dieu l'encens de l'hyperbole, et se croisait pour lui,

les plus sots, au spectacle, voulaient avoir l'air
de s'amuser et de comprendre ; les plus frivoles
se mortifiaient à ouïr les œuvres entièrement,
avec, dans les mains, le tableau schématique
des symboles et de leur *leit-motiv*. « Alors
qu'une certaine société ne pouvait arriver au
théâtre qu'à neuf heures et demie ou à dix
heures, elle est venue à l'Opéra à six heures,
selon la liturgie de Bayreuth ; elle y a dîné, elle
y aurait couché, si les héritiers Wagner l'eussent
exigé (1). »

J'appelle cela un sortilège et un envoûtement.

La guerre a rompu le charme. — Il nous a
semblé, au premier coup de canon, que le voile
se déchirait. Et nous sommes restés stupéfiés
des bocheries que nous avions, par une indifférence sottement généreuse, laissé s'étaler sur
nos scènes lyriques.

Quand nous sommes de sang-froid, nous
n'apprécions que des œuvres harmonieuses,
soumises à certaines lois de proportions, parées
de certains attributs, comme la discrétion du
trait, la grâce de la forme, la sobriété et la souplesse du dessin, la clarté et la justesse des
intentions. Tout notre passé est relié de la sorte
aux plus exquises traditions d'intellectualité.
Dans ces conditions, si un auteur sort de ce
cercle d'ordre et de raison, il faut qu'il respecte

(1) *Figaro* du 29 avril 1915. — Art. Maurice Donnay.

au moins, en nous, l'essentiel de cette discipline... Or, précisément dans Wagner c'est cette discipline qui est contredite, ce sont ces exigences *minima* à quoi l'auteur ne satisfait pas, même lorsqu'il nous emporte très loin et très haut dans l'idéal

Un autre vice très allemand, la *vulgarité* — j'aimerais mieux écrire un autre mot, mais je ne trouve pas de synonyme obligeant — aurait dû nous frapper aussi, chez Wagner.

Le délicat Schumann disait déjà de lui, à ses débuts : « C'est un homme trivial. » Nul doute en effet que ce fût là le fond du caractère chez l'auteur de *Lohengrin*. « Mon rôle, disait-il dès 1849, est de provoquer la révolution partout où j'arrive. L'œuvre d'art se fera par la démolition et l'écrasement de tout ce qui mérite d'être démoli et écrasé. » Quel langage ! Wagner a-t-il en mains le marteau de Thor ?

M. de Wyzewa, depuis longtemps, nous avait révélé les petitesses du grand homme. Et il suffit de lire l'apologie que Richard Wagner a donnée de lui dans : *Ma Vie* pour voir un peu partout transparaître le rustre dans l'homme de génie. Les passions les moins nobles bousculent chez lui les sentiments élevés. Il est violent, égoïste, froid calculateur de ses intérêts, exigeant, vindicatif, rancuneux, oublieux de ses devoirs. Il tire de ses amis tout ce qu'il peut, et les méconnaît. Il gruge les femmes qu'il aime.

Dans les discussions il est sarcastique et hargneux avec ses admirateurs comme avec ses critiques. Bref ; c'est tout le portrait de ces « esprits protecteurs de l'Allemagne » dont Henri Heine nous dit : « Comparés aux démons de vos fabliaux, toujours nets et propres, les nôtres sont infects et mal léchés. »

Enfin, par une contradiction fréquente, ce révolutionnaire, qui avait salué comme les autres l'émancipation de l'esprit et la défaite de l'autorité aux jours de 48, devint, avec les années, le plus conservateur des hommes. Il se disait et se croyait libéral, mais sa foi artistique seule était pénétrée de libéralisme. Wagner professe peu à peu, en politique, contrairement à plusieurs de ses amis, Nietzsche entre autres, toutes les idées prussiennes. Le pangermanisme n'existait pas encore ; mais le fléau s'annonçait, si le mot pour le désigner n'était pas d'un usage courant. Wagner est un pangermaniste avant la lettre. Il a lu Gobineau et il s'est rangé avec enthousiasme à son avis. L'Allemagne est, selon lui, le peuple élu. Dans son imagination, l'œuvre d'art qu'il avait fondée en était la preuve. Elle manifestait au monde la supériorité de sa race. Bayreuth, sorte de Sinaï, devait répandre « des torrents de lumière sur ses obscurs blasphémateurs ». *Symbole national*, écrit M. Lichtenberger, il signifiait « le triomphe de l'esprit allemand, ou esprit d'objectivité solide et sérieux, sur le frivole esprit welsche, ou esprit de pure subjectivité ».

Aussi bien ses actes, sa correspondance, ses démarches officielles ou officieuses, tout démontre que Wagner, réalisateur du vrai type allemand, n'entendait pas seulement *se poser*, mais bien s'*opposer* aux poètes et aux musiciens des Deux-Mondes, et qu'il comptait les réduire, sous son hégémonie, à une respectueuse abdication. Il accomplirait ainsi une œuvre de centralisation des arts, — rêve tout germanique, — par l'organisation de la musique intégrale.

Notons, surtout, qu'il met une insistance pénible à glorifier son art, son pays et soi, aux dépens de la France, coupable, à son sens, de ne pas l'avoir tout de suite compris et adoré.

Ses admirateurs posthumes, chez nous, ont esssayé de le laver de la tache, collée à son nom, depuis la publication de son répugnant pamphlet contre les Parisiens, après 1871. A quoi bon, si son habituel langage sur les Français, sans avoir cette violence, avait ce ton de dénigrement, d'orgueil rogue et cassant.

Serions-nous à ce point dupes des chefs-d'œuvre d'un homme que de nous persuader qu'il nous estima lorsqu'il nous méprisait ? — Wagner nous méprisait selon la mode de son pays. « Nous haïssons chez nos ennemis, dit Treitschke, ce qu'il y a en eux de plus essentiel,

de plus intime, *la pensée*. » Et cet aveu est con-
firmé par Heine avec son humour ordinaire.
« Le patriotisme de l'Allemand consiste en ce
que son cœur se rétrécit, comme le cuir par la
gelée, qu'il cesse d'être citoyen du monde, un
Européen, pour n'être plus qu'un étroit Allemand. » Et il est alors « méchant comme une
teigne », et il hait les gens « avec une religion
incroyable ». Telle fut pour nous la haine de
Wagner. On citera de lui quelques phrases
aimables pour les Français. Je conviens qu'il en
a écrit cinq ou six. Mais dans l'ensemble tout
indique que notre tempérament, notre génie,
nos œuvres lui furent fermés : il les détesta
d'autant plus.

Et je ne parle pas de ce qu'il nous reproche.
Ce pharisien nous trouve « corrompus », lui
qui nous propose des cas de conscience du
genre de celui qui trouble Siegmund et Sin-
glinde. Ce galant homme nous traite à tout
instant de « nigauds », comme si les concitoyens
du capitaine de Koepenick pouvaient nous
reprendre sur la nigauderie. Ce pédant, tout
empêtré de métaphysique, nous reproche d'être
« superficiels », comme si toute la doctrine de
notre Pascal, et même tout simplement celle
du bon La Fontaine ne valaient pas mieux que
le galimatias de ses philosophies... Etc. Le
réquisitoire n'est jamais plus relevé, ni plus
subtil. — A notre tour d'en rire.

*
* *

Et maintenant comment traiterons-nous le grand homme ?

D'abord je crois que les années ne feront qu'ajouter aux cuisants remords qui nous restent d'avoir tenu si longtemps le rôle de badauds à sa parade.

Les admirations des Français pour les *Niebelungen*, leur sérénité bonasse devant l'exhibition de théogonies sanglantes et infiniment absurdes, leur complaisance à se fausser l'âme et le goût par une communion à la métaphysique allemande, tout cela a vécu. Cette religion du germanisme, longtemps clandestine et inavouée, puis abondante en zélateurs sorbonniques ou autres, et déjà en route vers l'apothéose, s'est bel et bien effondrée dans une faillite pleine d'opprobre.

A propos de l'envahissement des littératures étrangères, chez nous, Jules Lemaître écrivait naguère : « On peut craindre que la caractéristique de nos esprits ne finisse par s'atténuer ; qu'à force d'être autre chose que français, notre génie devienne enfin moins français. »

Et il ajoutait : « ... Cela me déplaît : car préférer décidément et systématiquement les œuvres étrangères, ce serait les préférer à cause de ce qu'il y a en elles ou d'inassimilable à notre propre génie, ou de vague, d'indéfini, d'informe, et au bout du compte, d'inférieur à ce génie même. Et alors, quelle humiliation ! ou quelle duperie ! Que si nous les aimons précisément parce qu'elles sont bizarres et imparfaites, sachons du moins que c'est à cause de cela que nous les aimons, et non pour une supériorité qu'elles n'eurent jamais. » Puis Lemaître disait encore avec un mélange de plaisanterie et de sérieux : « En attendant, dépêchez-vous d'aimer ces écrivains des neiges et du brouillard ; aimez-les pendant qu'on les aime. Car il se pourrait qu'une réaction du génie latin fût proche (1). »

Cette parole divinatoire se trouvait déjà justifiée avant la guerre. Les esprits curieux et les bons ouvriers de lettres, tous ceux qui vont de l'avant et donnent le ton s'étaient faits les apologistes d'un retour national au goût et au génie des ancêtres. Et ils étaient écoutés. — Les réactions de la guerre précipiteront le mouvement. Nous signerons délibérément l'*exeat* à tous les patois étrangers, dont l'invasion a failli nous perdre. Au collège, au séminaire, à l'Université, les professeurs, vigilants chiens de garde, étrangleront au passage les vocables et les dialectes récalcitrants et avec eux, s'il le faut, les esthètes récidivistes. Et le public, qui ne crée

(1) *Les Contemporains.* Sixième série, pp. 267 à 270.

pas les courants, mais les grossit en torrent, poussera dehors toute cette idéologie carnavalesque.

Le Wagner philosophe et penseur, librettiste et metteur en scène, sera exécuté un des premiers. Je gage que l'on ne voudra plus en entendre parler. Les dilettantes — oh ! l'état d'esprit périmé ! — feront bien d'en prendre leur parti tout de suite. Nous rappelions qu'on eût peu d'aménité pour les acteurs qui essayèrent de jouer *Lohengrin* et *Tannhaüser* à Paris après la petite guerre ; que d'autres recommencent après la grande guerre, et on les recevra plus sévèrement, je le crois.

C'est que nous sommes autrement informés que ne l'étaient les premiers auditeurs.

Au début le snobisme pouvait excuser bien des défaillances. Et puis les auditeurs étaient des vaincus, recevant avec une évidente curiosité la leçon du vainqueur. Aussi n'y eut-il que les frondeurs à oser se moquer. — Nous, au contraire, nous savons ce qu'il en est. Toutes ces œuvres hybrides, brillantes et confuses, où les protagonistes prétendent invariablement au dialogue philosophique, ne peuvent plus nous prendre à leur piperie. Elles sont vidées pour nous. Il ne nous en reste rien qu'une saveur âcre à la bouche. Il n'y a plus d'estomac français qui puisse les tolérer.

III

Toutefois nous ne pourrions pas, en vertu même de notre culture, agir de même envers le Wagner musicien, vrai voyant, vrai créateur, magicien de sons incomparable.

Si l'orgueil de l'auteur ne laisse pas d'être blessant, la symphonie qu'il compose n'en est pas atteinte. Elle est en elle-même ce qu'elle est, rien de moins. Toute irritation nationale tombe devant une fugue bien faite. Que la critique soit désarmée ; il suffit : l'œuvre ouvre un chemin à notre admiration. De même nos justes rancunes ne sauraient tenir devant l'apparition de la Beauté, devant l'extase saine et joyeuse que nous révèle et que réalise le génie musical de Wagner. Certaines pages des *Maîtres Chanteurs* et de *Tristan*, les adieux de Wotan, les murmures de la Forêt, *Siegfried-Idyll*, le troisième acte de la *Gœtterdammerung* et vingt autres merveilles sonores ont, dans tous les pays, des échos surhumains et surterrestres. Ce sera toujours et partout se grandir que de les aimer. Notre âme ne s'adultérera pas, elle affinera sa nature sensible en se plongeant dans cette source d'idéal. C'est le **problème de l'éducation**, c'est la formation de la vie morale qui sont ici en cause, non le culte d'un homme, non la soumission à une race.

Un de nos moniteurs de patriotisme, Léon Daudet, le concède.

« Est-ce à dire, écrit-il, qu'il faille bannir Wagner de nos concerts, traiter comme nul et non avenu ce magistral trouveur de sonorités et de rythmes? Ce serait folie. Pas au lendemain de la guerre, mais plus tard, il n'y aura aucun inconvénient à exécuter ni à entendre de copieux fragments de ses plus belles œuvres (1). »

On peut prévoir du reste un état d'équilibre moral où une telle audition ne soulèvera ni trépignements d'enthousiasme, ni cris de haine. Avec le recul des années, les belles pages de Wagner seront classées, dans les Conservatoires, comme dans les musées les compositions d'un Albert Dürer et d'un Holbein.

A cette heure-là ce qui fut une énigme pour nos contemporains, deviendra pour nos successeurs un symbole clair, une des formes les plus émouvantes par lesquelles s'est manifestée l'infatigable Psyché. Et c'est tout.

(1) *Hors du joug allemand.* Paris, Édition de l'Action Française, p. 91.

CHAPITRE CINQUIÈME

L'Allemagne ne produit plus de musiciens de génie. — Pourquoi ?

I

Reste le plat du jour : la musique de Strauss. Celle-là est âprement, cyniquement pangermaniste. — Le vieux classicisme des grands Allemands, s'il n'en est pas tout à fait absent, ne sert que de repoussoir à l'insolente et brutale affirmation du nouvel idéal : la conquête. Ou bien si Strauss a des réminiscences de Beethoven, et s'amollit quelquefois jusqu'à imiter la ligne souple de Mozart, il traite ces deux harmonieux génies comme s'il les avait annexés ; il les plie à servir sa technique et son délire. Imaginez un Titan qui s'abat sur le monde pour le sabrer et le broyer. C'est le Surhomme lâché sur nous. Strauss est hanté par Nietzsche, sa marotte. Il lui vole ses thèses philosophiques, son vocabulaire truculent, son pêle-mêle d'images, son magasin d'épouvantails et d'horreurs, son rire frénétique et ses grelots. Naturellement l'œuvre est tendue, orgueilleuse et criarde.

Elle mettait, avant la guerre, des auditeurs français dans un état de malaise qui s'explique trop bien. Quelques forcenés s'en faisaient pourtant les champions ; mais ils soulevaient déjà des révoltes. Il semble que le vrai public des concerts, si tendre encore à Wagner, ait deviné qu'avec ce Strauss on devait se méfier. Il voyait dans cette armée de sons, conduite par une volonté de fer, comme l'intention de fouler aux pieds toutes les conventions humaines, tous les sentiments délicats, toutes les piétés. Sa *Salomé* surtout nous avait fait peur. Ce n'est pas trop dire que d'affirmer que Strauss, dans l'atmosphère de vertige où il l'a placée, par les fantaisies déréglées, ennemies de toute morale, qu'il y déploie, par la sécheresse de cœur qu'il y affecte, a d'avance offert, sous les espèces de ce poème symphonique éblouissant, la justification des assassinats, des sadiques cruautés, des incendies de cathédrales, qui, depuis, ont illustré la guerre allemande.

Auteur impudent, qui fouette le succès avec le scandale !

Le plat du reste n'est pas sans saveur. Strauss, s'il eût été moins l'homme d'une idée qu'un artiste épris de son métier, s'il fût resté le diable rieur et malicieux qu'il est, par exemple, dans son *Don Quichotte,* eût gardé chez nous du prestige. Sans être un de ces talents créateurs, qui retournent les esprits et leur font une nouvelle assiette, il a de quoi faire réfléchir et penser. Il est riche, cossu même. Il n'est pas ménager de son bien : à sa table on fait ripaille. — Mais nous n'en sommes plus à goûter toutes sortes de mets. Nous regardons aujourd'hui à la valeur morale de nos hôtes, inquiets de savoir si celui qui nous convie amicalement n'a pas en poche de quoi nous égorger. Ce Nietzchéen a pu paraître drôle à quelques-uns, tant que l'on a cru, en France, que sa religion de la Force n'était qu'une fanfaronnade, et que « ça ne pouvait pas arriver ». A présent nous prenons tous les choses gravement. Le *Zarathustra* qui « danse sur les tristesses comme sur des prairies » nous fait horreur.

II

A côté de Strauss : rien.

Brahms, dont les Berlinois firent un nouveau dieu, ne fut jamais qu'un sous-Schumann soigné, arrangé, rectiligne, d'ailleurs agréable encore sous ce vêtement d'emprunt, et qui pouvait donner l'illusion d'une intéressante nature d'artiste. Mais un Schumann ne se répète pas.

Hugo Wolf est le seul qui ait une personnalité attachante. C'était un doux, un rêveur de la vieille Allemagne, toujours replié sur lui-même, profondément psychologue. Mais l'Allemagne à cause de cela l'a méprisé. Il ne rendait pas le son qu'elle aime aujourd'hui.

Malher, qui vient de mourir, Austro-Hongrois, est le type du laborieux qui produit de tout : des messes, des lieds, des symphonies, et de la musique pour restaurant. Vincent d'Indy, venu pour écouter, chez Lamoureux, sa meilleure symphonie *(en Sol)*, écrit dans la *S. I. M.* : « On me disait qu'il fallait être un peu slave pour la comprendre. Hélas ! je ne l'ai que trop comprise ! — Je n'ai jamais rien ouï de si vulgaire, encore que Chevillard fît tout son possible pour atténuer la platitude de l'œuvre... Dès la douzième mesure je me suis cru au Caf' Conc' du Prater, avec le *Damen-Orchester*, les écharpes jaunes, la quête de la jolie flûtiste, au milieu du bruit des fourchettes, des odeurs de *schnitzek panirt*, et des relents de veuves-joyeuses (1)... » Ajoutez que Malher est pangermaniste comme Strauss, qu'il jouait le Bethmann-Hollweg dans le cercle des musiciens, et voulait tout avaler.

Humperdinck, symphoniste distingué mais massif, sans finesse et sans tact, un fort en thème, garrotté dans quelques formules étroites qu'il sait bien et qu'il applique bien. Il com-

(1) *S. I. M.* de février 1914, pp. 43 à 45.

mençait à être connu chez nous, et il y avait
quelques admirateurs.

Félix Weingartner, signataire du manifeste,
chef d'orchestre surfait, très inférieur à Félix
Motl, l'Autrichien, — celui-là incomparable. —
J'ai toujours considéré Weingartner comme un
pharisien d'art, habile exploiteur de la crédulité
publique. Il recueillait à Paris, chaque année,
les acclamations que nous mesurons parcimo-
nieusement à Chevillard, à Messager et à Rabaud.
Romain Rolland, avant la guerre, l'a cinglé de
quelques épithètes qui ont dû lui mettre un peu
de rancune au cœur. Elles n'étaient pas trop
sévères.

Max Reger, le musicien le plus en vue de
l'école, que l'on peut dire néo-classique, dont
Brahms a été le type. Très bon théoricien, c'était
le pédant d'Université fait homme. En France,
il eût été bibliothécaire, pour le goût avec
lequel il classe et hiérarchise les mérites des
Maîtres. Il a fait quelques belles pièces de
musique de chambre. Il en a fait d'exécrables.
Ses meilleures sont celles où il a suivi de plus
près ses dieux et les nôtres, Bach et Beethoven.

Enfin comment oublier le fils Wagner, Siegfried, l'enfant du rêve ? — Nous savons qu'il
n'est propre qu'à compter des sous derrière un
comptoir. Aussi nous ne comprenons pas
encore qu'il ait signé le manifeste des 93. Car
cela ne lui rapportera pas une livre sterling.

... En vérité l'Allemagne ne produit plus de musiciens de génie.

III

Dans différents voyages que je fis, au delà du Rhin, une chose, en effet, m'avait frappé. J'admirais que la foule chantât, à l'église, les vieux chorals d'autrefois. Mais je voyais cette même foule, au concert, attablée devant des bocks, parmi les fumées âcres du tabac, s'éjouir d'entendre une musique de tziganes et n'en plus réclamer d'autre.

Plusieurs ont constaté le même fait et en ont été, comme moi, un peu interdits.

M. de Wyzewa par exemple note cette impression, en y insistant. « Aujourd'hui, dit-il, les Allemands acceptent, avec un égal plaisir, le bon et le mauvais. Ils applaudissent avec le même enthousiasme *Tristan et Yseult* et les *Dragons de Villars*. S'ils pouvaient toutefois choisir entre les deux, ils choisiraient les *Dragons de Villars*. — De même ils acceptent toutes les façons de jouer. Sauf d'admirables exceptions, qui d'ailleurs se font tous les jours plus rares, l'exécution dans les concerts allemands reste le plus souvent très médiocre. Les chefs d'orchestre ont le sentiment de la mesure, mais les délicatesses des timbres, et les détails des nuances ne semblent pas les inquiéter beaucoup (1) . »

Le trait n'est pas forcé. Il est plutôt atténué. Ainsi ces chefs d'orchestre qui ont le sentiment de la mesure me rappellent un lourdaud de chef de musique, dirigeant à Baden-Baden des fragments de la *Walkyrie*. Il était si plein de lui-même, et si indifférent à l'esthétique de l'œuvre, qu'il battait la mesure, en tournant le dos à l'orchestre, face au public. O la ronde et stupide bête ! O la tête à gifles ! O ce mouvement du bras, qu'il n'avait pas la force de lever, et qu'il appuyait nonchalamment à son ventre rebondi et bien sanglé !

Imaginez pareille négligence en France. De quels bons sifflets nous eussions régalé le butor !

Une autre fois, nous venions d'arriver, mon ami J.... et moi, à Freundenstadt. Nous découvrons, au Kursaal de la cité, un bon petit orchestre, d'un jeu correct et bien conduit. Mais c'est alors le public qui est insupportable. Des bourgeois opulents, qu'on nous a dit être de Dresde et de Berlin, faisaient cercle autour des musiciens. Ils écoutaient la musique ? — Nullement. Ils jasaient, discutaient, conférenciaient entre eux avec un impudent sans gêne ; ce n'était que caquetage, mots rudes, rires étouffés et bruit de chaises remuées. Et quelle

(1) *L'Art des Allemands*, p. 109.

odeur! Pouah !.. A la fin du concert, mon ami se
lève, va droit au chef d'orchestre qu'il interpelle
en bon allemand : « Vous me permettrez,
Monsieur, de vous exprimer mon admiration et
celle de mon ami pour la manière dont vous
conduisez l'exécution de ces belles œuvres.
Mais est-ce ainsi qu'en Allemagne on écoute la
meilleure musique ?.. Venez à Paris, je vous
prie, vous verrez de quel air on y accueille
Wagner, Schumann ou Bach... Ne pouvez-
vous pas ici faire taire ces moustiques ? » Le chef
lui répondit, non sans flatterie : « Je le sais,
monsieur, ce sont les Français aujourd'hui qui
aiment gravement la musique. » Puis, pour
relever à nos yeux sa chère Allemagne, frappant
avec sa baguette un coup sec sur le pupitre, il
annonça « un supplément au programme ». Et
pour nous, en effet, il joua lui-même avec une
rare perfection — il était violon solo — soutenu
par la sourdine de l'orchestre, le *Largo* de
Haendel. A la vérité, les bourgeois indigènes se
turent et écoutèrent... mais pas jusqu'au bout.

*
* *

J'ai repensé depuis au mot du jeune chef
d'orchestre de Freundenstadt. « Ce sont les
Français aujourd'hui qui aiment gravement la
musique. » Cet homme était bien renseigné
sur nous. Il nous enviait peut-être.

En effet, ne parlons que du Parisien. Il est sans doute très bien placé pour douter, mais aussi pour croire, pour railler, mais aussi pour admirer... Il tient infiniment à ne pas paraître dupe, et cela le rend attentif à éviter les ridicules. Vous ne l'empêcherez pas de siffler, si bon lui semble, une œuvre de platitude, de quelque nom qu'elle soit signée. Au théâtre comme au concert, sa malice sérieuse, sa moquerie artiste s'exercent au bon endroit. Tant pis pour l'auteur qui se jette à l'étourdie sur sa route. Celui-ci est tâté, apprécié et pesé en un clin d'œil... Mais le même juge n'est jamais sur ses gardes lorsque l'émotion vraie s'offre à lui.

L'homme du commun, à Paris, est une créature subtile, que la civilisation a affinée et rendue plus tendre aux impressions de la vie. Il n'a pas besoin qu'on pousse au noir un tableau, qu'on détaille ses traits à grand renfort d'images dramatiques. Il a du goût. Il veut que le récit soit sobre. On l'a vu aux matinées populaires du *Français* admirer *Œdipe-Roi*. Il se rend aux églises le Vendredi Saint pour entendre le récit de la Passion. Point d'affectations, point de mines. Il se retiendra plutôt de pleurer. Mais il sent juste.

Quant à l'homme cultivé, ami des arts, il est peut-être plus sceptique que l'autre sur le fond des choses — et encore, comment l'affirmer ?

— mais il est plus que lui sensible à la forme.
Il s'arrête volontiers à l'esthétique des objets
qu'il affectionne, soit qu'il se sente capable d'en
disserter en connaisseur, soit qu'il trouve simplement du plaisir à l'examiner avec attention.
Par quoi il est capable d'atteindre aux plus
hautes émotions...

C'est ce qui fait du Parisien, quel qu'il soit,
un auditeur à part. Il est actif, il collabore, il
soutient, même lorsqu'il se tait, une discussion
serrée avec l'acteur ou l'orateur. C'est par les
yeux, par le maintien, par je ne sais quoi
d'éveillé et de vif dans l'attitude qu'il fait voir
qu'il est partie dans la scène qui se joue. Admirez
quelques groupes choisis dans une salle de
concert où se pressent deux mille personnes.
Au signal du chef d'orchestre le silence se fait ;
peu à peu, les corps se fixent, les têtes s'immo-
bilisent. Bientôt voilà les âmes accaparées.
Beaux airs réfléchis, religieux repliement sur
soi ! Il semble que ces bourgeois, ces professeurs, ces étudiants, ces carabins soient tombés
d'accord pour s'affranchir tout d'un coup du
temps et de l'espace. Réalistes dans le train
de la vie, ils sont idéalistes maintenant. Et plus
l'œuvre qu'ils écoutent est élevée, plus ils se
suspendent au Mystère, remués doucement par
le frisson divin, muets d'adoration pensive.

Quelle curieuse destinée est la nôtre ! Nous
voilà prêcheurs d'idéal sévère, et nous prêchons

cet idéal musical aux Allemands, qui n'y entendent plus grand'chose.

Bien plus. C'est nous qui avons renouvelé la musique religieuse, en ces derniers temps, entraînés à l'ascétisme d'abord par le séraphique César Franck, puis par les érudits pieux qui ont restauré le chant grégorien. Un besoin fou de beauté, en réaction contre le réalisme qui régna après les années 70, nous a portés aux affirmations les plus nobles : une foi, un ciel, une vie intérieure, des repentirs, des dévouements, des effacements de soi, du mystère, beaucoup de lyrisme. Tout cela, présentement, ébranle notre âme dans ce qu'elle a de plus intime et de plus largement humain.

Ce sont des conditions excellentes pour produire de belles œuvres. Et la France n'y a pas manqué. Et le public l'y a encouragée par l'attention recueillie, fervente, jamais lasse, et comme épanouie, dont il accueille les plus austères comme les plus subtiles compositions.

*
* *

Quant aux Allemands, on explique quelquefois ainsi leur revirement. On dit : ils nous ont pris nos goûts frivoles, vainqueurs séduits par les vaincus. Ou encore : ils croient s'initier par là à la dépravation française à laquelle ils font l'honneur d'attacher un grand prix... Mais c'est un air avantageux qu'ils se donnent. La frivolité française — *Wälschen Tand* — est d'une bien fine qualité pour eux. Ils ont à Berlin, à Francfort, à Hambourg de bons gros plaisirs, qu'ils n'ont pas importés, et qui les comblent.

J'estime plutôt avec beaucoup d'autres que les Allemands se sont abaissés progressivement vers la bestialité — non la frivolité — à mesure qu'ils se livraient à l'esprit d'entreprise, et qu'ils en récoltaient les fruits matériels. Ils ont cessé d'être artistes le jour où, devenus marchands, ils ont fait de l'art une denrée. Ils ont commencé à bâiller à l'audition des chefs-d'œuvre, le jour où leur cœur, sevré des souffrances anciennes qui l'avaient grandi, s'est prostitué à l'Utile.

Celui-ci a détrôné le Beau en Allemagne. — « Or, dit Platon, on devient semblable à l'objet de sa contemplation. »

Qu'on se représente l'état d'âme enfiévré de ce peuple qu'une floraison luxuriante de bénéfices, qu'une ivresse folle de spéculation a fait riche et puissant. Toutes les énergies sont orientées dans le même sens. Toutes les vocations viennent se perdre en une seule : l'emporter, réussir. Un jeune Allemand, grisé de cette vision, songera-t-il à autre chose qu'à se faire une place parmi les champions de l'or ? Quel maître sévère le ramènerait à la méditation, à l'humblesse d'esprit, indispensables à l'éclosion du divin dans l'âme ? Qui lui persuadera de faire retraite

loin de ce tapage, de s'écarter de la ruée univer-
selle ? L'apprenti de l'Art, tel que Gœthe en a
tracé le modèle allemand dans son *Wilhelm
Meister*, est introuvable, à l'heure qu'il est, au
pays des Boches.

Puisque notre Ennemie en fait facilement son
deuil, n'en soyons pas plus affectés qu'elle.

UNE MONOGRAPHIE

PARSIFAL

Opéra-Mystère

CHOQUE-T-IL LA PIÉTÉ ?

AVANT-PROPOS

Cette brève étude sur Parsifal, *que je joins à la précédente, a paru dans la* Revue du Clergé Français, *à la date du 1ᵉʳ avril 1914, à peine quelques semaines avant les tragiques événements que l'Allemagne a déchaînés sur l'Europe pacifique. C'était aux plus beaux jours de la vogue de cet opéra, chez nous. On avait craint d'abord que* Parsifal *laissât les Français indifférents. Il les passionnait. Les représentations marchaient allègrement vers la* Centième. *Le Tout-Paris naïvement venait s'enchanter à ces sources de rêve religieux. On vit de nos ministres anticléricaux faire la queue aux bureaux de location. Si bien que les bonnes âmes, toujours prêtes à croire à un miracle, se félicitaient que la musique ait obtenu sur ces maniaques ténébreux un effet que la lumière de l'évangile semblait ne plus devoir provoquer. Peu s'en fallait qu'on ne conseillât aux mondaines l'audition de* Parsifal *comme antidote aux charmes diaboliques du tango, qui, au même moment, faisait aussi fureur.*

De bons esprits toutefois résistaient à cet entraînement. Et même j'eus l'impression que si l'engouement ne tombait pas de lui-même, l'autorité religieuse, qui était intervenue contre la danse lascive, serait amenée aussi à mettre les âmes en garde contre l'attrait de ces mythes philosophiques, faussement présentés par la critique incompétente comme un succédané du catholicisme.

La guerre est venue, qui a coupé le succès, et suspendu les foudres canoniques. Et l'innocence n'a plus eu à redouter cet enseignement profanateur.

Je redonne cette étude sans y rien changer. Elle est sans doute d'un ton plus neutre que celle qui précède. Je l'ai composée avec l'esprit du temps de paix, tandis que j'ai écrit l'autre dans l'angoisse et la révolte de ma conscience, pendant la guerre.

Mais les vices du Wagnérisme y sont analysés avec assez d'indépendance pour qu'en me relisant je n'aie pas eu de retouches à faire.

Clément BESSE.

14 novembre 1915.

PARSIFAL

Opéra-Mystère

CHOQUE-T-IL LA PIÉTÉ ?

I

C'est au printemps de 1857 que Richard Wagner eut l'intuition soudaine du mystère de la Croix, le vendredi saint. Il était cependant bien loin de ces pensées, puisqu'il composait alors, chez les Wesendonk, la partition de *Tristan und Isolde*, œuvre de pessimisme, toute chargée de volupté. Mais chez un grand passionné, qu'une émotion puissante possède, une autre émotion a d'autant plus de chances de se déclarer et de tout envahir qu'elle est en parfait constraste avec la première. C'est ce qui advint à Wagner. Tristan l'opprimait depuis des mois. L'idéal contraire était donc tout près d'apparaître et de briller dans son ciel, pourvu qu'une occasion fût donnée. Un vendredi saint lumineux et parfumé, qui tomba en plein renouveau, en pleine floraison de la nature et de l'âme, fut cette occasion. Aussitôt, dans l'imagination de l'artiste le poème s'ébaucha. Tristan c'était le *Désir*. Jésus c'était le *Renoncement*. L'un mène au désespoir, l'autre a « enchanté » la terre de ses douleurs. Tristan verse la boisson enivrante qui tue. Jésus verse les larmes qui régénèrent. Peu à peu Wagner s'émeut à cette pensée. Celle-ci gonfle son cœur et l'échauffe jusqu'à la certitude et à l'extase. Un instant après, rentré dans son cabinet, il laisse là *Tristan*, et écrit les admirables vers qu'il mettra plus tard dans la bouche de Gurnemanz : « Admire aujourd'hui le charme des bois, des prés ; vois comme l'herbe et la mousse ont fleuri... Une profonde tendresse imprègne l'air ; et des parfums délicieux montent des feuilles mouillées... C'est que la fleur comprend, les jeunes pousses de l'arbre et l'herbe innocente devinent le mystère d'amour que Jésus accomplit en ce jour... Sous le souffle fécond de la croix, toute la nature s'épanouit d'aise et aspire vers le salut. »

Cette impression du reste s'accordait harmonieusement avec d'autres, qui lui étaient depuis longtemps familières. Les principales obligations du christianisme, relatives au salut, la soumission de la chair à l'esprit, l'humble et saignant repentir du pécheur, la docile obéissance au bien, l'abnégation, la compassion, la pitié, la foi toute nue avaient déjà fait le ressort dramatique de plus d'une de ses pièces. Il suffit de rappeler

le dénouement de *Lohengrin* et de *Tannhaüser*
pour faire voir que Wagner allait de soi, et par
inclination naturelle, aux solutions religieuses
et que sa « table des valeurs » était en réalité
toute chrétienne.

C'est par entraînement d'artiste et de virtuose
qu'il s'est laissé en même temps séduire par la
sirène païenne, et qu'il s'est appliqué — dans la
Tétralogie notamment — à reproduire l'idéal
nietzschéen, antithèse de la foi.

Sans doute il a peint cette féerie orgiaque du
Dionysos moderne avec la même fougue et la
même splendeur d'imagination qu'il a décrit la
Wartburg de gloire, où trônent les saints. Il
était de ces voyants qui créent ce qu'ils voient.
Son Siegfried est un surhomme qui abat les dieux
d'une redoutable cognée, comme le bûcheron
les chênes de la forêt. Sa Brunnhilde, aux yeux
glauques, aux narines frémissantes, est la
femme sinistre, dont l'amour sème les ruines.
L'un et l'autre, brutes primitives qui s'empruntent et empruntent au siècle les plus violentes
façons de sentir et de déchirer le cœur, produi-
sent avec éclat ce romanesque de passion, que
depuis la Renaissance on a toujours opposé au
Crucifié.

Mais là encore Wagner n'a garde d'isoler tout
à fait cet humanisme de la tradition chrétienne,
et il revient par des chemins de traverse à l'idéal

atavique. Tout le long de son drame, son Siegfried et sa Brunnhilde se débattent contre les
sorcelleries et les monitions du froid épicurisme.
Et à la fin ils trébuchent tous deux dans le dogme rédempteur de la résignation et de « l'*accep-
tation* » ; c'est par leur mort qu'ils se délivrent,
et qu'ils pensent délivrer l'humanité.

Nous ne dirons donc pas, comme quelques-
uns, que Wagner, dans *Parsifal*, s'est repris à
la foi, car au fond il ne s'en est jamais dépris.
Nietzsche a joué, dans cette affaire, le rôle un
peu ridicule du *Herr Professor*, que lentement
le disciple éconduit, après s'être adonné en sa
compagnie à quelques exercices de rhétorique
et de déclamation. Le pauvre maniaque s'est
aperçu de la chose un peu tard. Il fréquentait
encore les répétitions de Bayreuth, perdu dans
la foule qui acclamait le dieu, sans bien se rendre
compte du christianisme impénitent de Wagner :
« J'espère partir, écrivait-il à sa sœur, il est trop
insensé de rester ici. J'attends avec effroi chacune
de ces longues soirées de musique, et pourtant
je reste. Je n'en peux plus. J'irai n'importe où,
mais je veux partir ; ici tout m'est insupportable. »
S'il eût été plus délié, moins plein d'obsédante
vanité, il eût remarqué depuis longtemps chez
son ami cette « courbe rentrante » qui aboutit
en effet à la glorification du Graal (1).

(1) On voit à quelle préoccupation j'obéissais, en écrivant
ce passage. Depuis la guerre, Nietzsche a moins perdu que

Alors, dira-t-on, serait-ce l'orthodoxie toute
pure qui s'étale et rayonne dans *Parsifal*, après
avoir rampé obliquement dans les œuvres anté-
rieures ?

II

Ici se placent, pour tout spectateur non pré-
venu, une inextricable antinomie, et un cas de
conscience bizarre, sur quoi je demande à m'expliquer en toute liberté, — ne serait-ce que pour
prévenir un zèle inconsidéré en faveur des représentations publiques de *Parsifal*, et l'engouement des catholiques à s'y rendre.

A l'audition de la musique, sans spectacle,
dans une salle de concert, en contact étroit avec
l'orchestre et des artistes en habit noir, surtout
si l'on ne s'intéresse que distraitement au livret,
les impressions que l'on éprouve sont des
suggestions d'une absolue candeur et idéa-
lement chrétiennes. Au spectacle, au contraire,
dans l'éblouissement de la lumière électrique et
des décors, soit que l'on s'absorbe dans le jeu
scénique, soit que l'on suive le développement
du livret qui passe au premier plan, devant des
acteurs bien stylés, on a une impression maté-
rielle toute différente. Peu à peu, de scène en
scène, on se dégrise et l'on déchante. A la fin,

Wagner. Nous lui savons gré d'avoir, grâce à son hellénisme,
échappé à la lèpre pangermaniste. Mais dans l'espèce, il est
toujours évident qu'il se trompait.

c'est tout juste si l'on n'a pas le sentiment
d'avoir assisté à une parodie de la foi.

Comment expliquer cela ? Et comment au
concert s'abandonner avec toute son âme, si
l'on doit au spectacle se réserver, et dissocier
sévèrement ce que l'on entend de ce que l'on
voit ?

III

On peut faire une première réflexion, d'ordre
esthétique, qui, sans toucher au fond du problème, l'éclaire cependant assez pour qu'on
puisse s'avancer ensuite un peu plus.

Le sentiment intérieur ne se laisse pas sans
altération transposer en termes de théâtre, et
c'est la religion elle-même qui risque de se
flétrir au feu de la rampe. Passe encore pour
des religions décoratives, dans lesquelles le don
de soi n'est pas requis. Mais la vie spirituelle
catholique, qui est ascèse et charité avant tout,
répugne au vain labeur de l'art pour l'art. Elle
est autrement riche, et, en elle-même, plus
dramatique et romanesque que sa pantomime
sur les planches ; surtout lorsque l'optique
propre à l'opéra exige qu'elle soit grossie,
qu'elle s'alourdisse de machinisme et de merveilleux cinématographique. « On a bien tort
de prétendre, écrit l'un de nos meilleurs critiques, que la connaissance approfondie d'une
telle œuvre en augmente la jouissance. Elle

l'éclaire, mais la refroidit. Le mystère se dissipe. Les fragments énigmatiques entendus dans les concerts prenaient des proportions tout autres et avaient autrement de sens, par tout ce que le cœur y ajoutait (1). »

Tolstoï, qui avait à un haut degré le sens du réel et de l'expression, se répandait en invectives bouffonnes contre la gaucherie et la puérilité de la mise en scène de *Siegfried*.

Il eût été plus mordant encore contre la mise en scène de *Parsifal*, parce que cette pièce a, ou veut avoir, une signification surnaturelle.

Avec quel rude persiflage il eût accueilli la promenade du cygne mort porté par quatre écuyers, la forêt qui marche, la cathédrale mauresque, d'une couleur locale si contestable, la grotte en carton où le diable fait apparaître, dans une fumée grise, puis bleue, la tentatrice chargée de perdre le héros, toute la fantaisie horticole du jardin de Klingsor, la petite charrette fleurie où Kundry débite sa bonne aventure et fait ses passes magnétiques, dans la scène religieuse, « le pas de l'oie » des chevaliers du Graal, etc., etc.

Franchement, c'est un gain, au concert, de ne pas apercevoir ces plates réalités, d'être tout à l'enchaînement des symboles et à la fascination du mystère. « Si complète est la musique,

(1) Cf. *Musiciens d'aujourd'hui*, p. 73.

dit encore notre critique, si puissante est sa prise sur l'imagination qu'elle ne laisse rien à désirer. » Et il conclut : « Je n'ai jamais partagé l'opinion wagnérienne, que l'œuvre de Wagner n'a tout son sens qu'au théâtre. Ce sont des symphonies épiques. Je leur voudrais pour cadre de vrais temples, pour décors l'horizon illimité de notre pensée, et pour acteurs nos rêves. »

IV

Quelqu'un insistera peut-être, disant : « Votre critique du théâtre est valable contre les rites, qui sont, dans la religion, son équivalent visible et sa transposition plastique. »

La comparaison est spécieuse, mais sans portée.

Les rites ne sont pas fantaisistes, et ils sont sobres. Ils parlent aux yeux sans doute, mais ils ne disent que l'indispensable. Ils signalent, ils suggèrent, ils n'expriment pas. Surtout les rites sont eux-mêmes d'essence spirituelle, et ils ont pris à ce point le pli de nos âmes par une longue collaboration avec elles que nos âmes indistinctement vivent par eux ou vivent par elles. C'est bien le regard qui les voit, mais c'est l'âme qui les entend et qui leur obéit. Loin d'arrêter l'essor de l'imagination et de figer la foi, ils aident l'une et l'autre à se dépasser elles-mêmes ; loin de contredire, de heurter le

chrétien, ils le réchauffent dans ses affirmations ;
ils favorisent ses fins ultimes, loin de l'en
détourner.

On peut se rendre compte de la différence
de la suggestion du rite et du théâtre en compa-
rant la manière des auteurs de la *Passion* à
Oberammergau et celle de Wagner dans *Parsifal.*

Autant Wagner s'écarte du rite pur, autant
les auteurs d'Oberammergau s'en rapprochent.

Cela vient sans doute, chez ces derniers, d'un
parti pris de respect et de déférence à l'égard
de l'autorité religieuse, qui est chatouilleuse en
ces matières. Mais c'est plus encore une règle
de leur idéal, une *eunomie*, ainsi que les Grecs
appelaient l'éloge de l'ordre et de la loi. Aussi
l'invention scénique est-elle à Oberammergau
extrêmement réduite. Le décor est neutre, le
machinisme nul. Le style est d'une simplicité
droite et franche. On a inséré dans l'œuvre le
plus possible d'extraits de l'Évangile, qui sont
offerts tout nus. Le reste ne réfléchit guère
qu'une doctrine très surveillée, sans éclat. Cependant, malgré cette absence de moyens scéniques
et cette discrétion voulue dans le drame, les
auteurs de la *Passion* atteignent au plus haut
pathétique... Tous ceux qui sont allés à
Oberammergau savent que les deux scènes les
plus poignantes du drame sont, dans la première
partie, la « Cène » et, dans la seconde, la

« Descente de croix », deux « actions » presque sans paroles. Bien que celles-ci durent fort longtemps, l'attention ne faiblit pas un instant. Bien que le public, qui compose le parterre, soit de tous pays et de toutes sectes, il n'est personne qui puisse résister à l'émotion muette, pressante qu'elles soulèvent. Or, c'est en vain qu'on chercherait dans le jeu des acteurs — je dis même : dans leur absolue sincérité — la cause de cette influence. Ils jouent peu, et ils sont sincères ailleurs qu'en ces endroits. De telles scènes sont d'un effet irrésistible parce qu'elles sont essentiellement véridiques. En éliminant les impressions diverses qu'elles ont fait sur chacun d'eux, ce qu'elles ont pour eux de personnel, les auteurs de la *Passion* leur ont conservé leur aspect objectif et éternel, d'où jaillit l'authentique Révélation. Voilà de quoi émouvoir éternellement les hommes.

Au contraire, dans sa « Scène religieuse », qui rappelle par plus d'un trait la Cène eucharistique, Wagner a voulu innover et d'un simple tableau de foi faire une intense tragédie. Il pensait en avoir le droit puisqu'il interprétait, non l'histoire, mais la légende. Et ce n'est pas de quoi l'on dispute, encore qu'on puisse se permettre de le faire. Mais a-t-il réussi, par ce moyen, à redoubler l'émotion, ou l'a-t-il fait avorter, voilà la question ?

En réalité, quelques-uns qui ne sont pas de chez nous, passeront sur certaines particularités, qui refroidissent pourtant l'intérêt ; par exemple, sur cette liturgie toute protestante de la messe où il y a des invocations et des acclamations sacramentelles et pas de consécration, et où néanmoins tout le monde communie. Les catholiques, sans chercher querelle, mais parce que cela s'impose à eux invinciblement, se diront : communier à quoi ?

Mais qui donc, parmi les catholiques ou même les dissidents, acceptera sans heurt, sans froissement moral, cette conception d'un prêtre impur, « seul pécheur parmi des justes », qui tient ici la place même de Jésus-Christ ?

Amfortas a péché, Amfortas officie. — Ce fait domine la scène. La cérémonie, toute pleine d'émois, qui s'enflent doucement au souffle de la vie intérieure, se trouve brisée, les âmes sont interdites, paralysées par ce souvenir qui assaille l'esprit. D'autant que ce prêtre égaré met une insistance gênante à nous entretenir de sa faute. Il la confesse à haute voix, dans des lamentations d'une douloureuse emphase. Il y revient sans cesse. Dès que l'office reprend, c'est-à-dire dès que la suggestion divine ressaisit les cœurs, il intervient à nouveau. Par degrés, il révèle tout son crime, ses sens révoltés, sa chair polluée : « Tandis que le sang du Sauveur resplendit dans la coupe, je sens le mien refluer de mes veines vers le péché. Il bouillonne, mù par le désir qui revit sans cesse dans ma chair... » — Est-ce tout ? — Non. Il compare avec une tranquille inconscience sa plaie purulente, œuvre du péché, à la blessure que l'Homme-Dieu porte au flanc, plaie d'où déborde le sang surnaturel... Enfin, dans une des dernières scènes, en pleine cérémonie funèbre, il renouvelle ses cris, ses prostrations, ses désespoirs, il proclame avec épouvante la déchéance « de la grâce inutile », et dans un geste éperdu, au pied de l'autel, il vient se jeter sur les épées des chevaliers : « Hors des fourreaux, glaives vengeurs ! Tuez le pécheur avec son supplice. »

Si disposé que l'on soit à excuser, à comprendre le développement d'un tel état d'âme, si épris de compassion que l'on ose s'avouer pour un coupable de cette franchise, et même si l'on accorde qu'en fin de compte les chevaliers du Graal sont dans leur droit de réclamer la sainte nourriture, puisque le sacrement est *pro hominibus,* c'est-à-dire fait pour eux et non pour le prêtre, on ne peut s'empêcher de noter tout de même que l'émotion pure, exquise, l'extrême délice de la vraie Cène ne se retrouvent plus dans le drame. Ce jeudi saint taché d'adultère et de sacrilège se noie dans une nuit douteuse et morne. Les chants de la coupole euxmêmes, cette chose admirable qui s'envole vers le grand Amour, vers les grands cieux, c'est

à peine si l'on en goûte le charme dans
l'anxiété haletante que crée ce bavardage
indécent.

V

Nous ne pouvons pas davantage accepter,
dans son esprit général, le rôle du principal
personnage, de Parsifal. Que dis-je ? Wagner
porte ici une atteinte plus directe à la foi, voire
aussi à la bonne foi de ceux qu'il se propose
d'émouvoir.

Vous connaissez l'artifice : il tient tout entier
dans l'invraisemblable transformation du héros,
qui, de jeune niais qu'il est au premier acte,
devient un Christ au troisième, sans autre
initiation que quelques conversations avec un
chevalier bonasse, et sans autre expérience
morale que « le baiser amer de Kundry ».

Pour avoir voulu éviter une tradition, Wagner
est naïvement tombé dans une autre, et celle-ci
toute livresque.

Comme Victor Hugo, comme Mme Sand ou
Tolstoï, il trouve dans l'idiot, dans la créature primitive, à peine pensante, une aptitude
inouïe aux sublimes vertus. Puisqu'il n'est pas
civilisé, ce simple est nécessairement chaste, et
propre à la charité, à la pitié, à la bonté. Toute
la flore céleste est ensemencée en son cœur ; un
jour, au hasard d'une rencontre, au choc d'un
petit fait, elle lèvera en gerbe. Et ce chemineau

donnera des leçons au monde... Il y a plus :
entre l'homme voué à l'adoration du vrai Dieu
depuis son enfance, et cet arriéré amoral, c'est
l'arriéré qui est fort, c'est le dévot qui est lâche.
Nous venons de le dire : le prêtre Amfortas,
nourri de prière et de méditation, abreuvé de la
rosée du Graal, s'il sort de sa retraite, succombe
comme un collégien échappé de sa geôle. Parsifal, l'enfant des bois, qui joue avec les loups,
qui n'a jamais prié, rêvé, aimé, terrasse la tentation sans combat. Enfin, dernière invraisem-
blance : si Kundry baise Amfortas, elle le souille
et se perd. Si elle baise Parsifal, elle lui révèle
la pureté et la vie sainte ; et tous deux finissent
par aborder à l'ascétisme : Parsifal va se faire
chartreux, et Kundry carmélite.

Évidemment tout cela est absurde. Pour devenir un héros et un saint, il faut employer une
autre méthode. On ne passe pas brusquement,
et par un bond de sentiment, de la demi-bestia-
lité à l'illuminisme moral. Cela exige une lente
adaptation du cœur, très laborieuse, comme
toute construction vitale. D'autre part, la nature
ne pousse pas à l'héroïsme, la civilisation n'en
détourne pas nécessairement. Si l'on voulait
être exact, il faudrait plutôt dire : la nature va
à contresens, et une certaine culture de l'âme,
alimentée par une foi, au contraire y mène. Par
exemple, que François d'Assise soit devenu un
Christ, il le tient de son application morale, et

d'une grâce victorieuse qui a gravé jusque dans son corps les stigmates de la croix. Il n'y a pas d'Inconscient qui tienne : c'est la conscience qui crée en morale, non la vie seule. Quant à la prise moindre que la tentation aurait sur les sens d'un être séquestré, ou séparé du monde, surtout s'il est sans direction spirituelle, cela non plus n'a pas de sens. Molière nous apprend que le vieil Arnolphe, pour s'assurer une épouse particulièrement honnête et fidèle, a séquestré la jeune Agnès, et s'est appliqué « à la rendre aussi idiote qu'il se pourrait ». Cependant, dès que la jeune fille a pu rencontrer par fraude le jeune Horace, elle tombe dans ses bras. De même, dans une saynète fort spirituelle La Fontaine nous montre un jeune homme, à qui on cache l'existence des jeunes filles, en ne laissant approcher de lui que des garçons. Qu'arrive-t-il ? Il s'éprend d'un valet — qui par aventure est une jeune fille déguisée. Et voilà ce que fait la nature.

Si Wagner avait suivi notre tradition celto-latine, il n'eût pas commis ce solécisme de psychologie. Dans Chrestien de Troyes, Perceval, le héros celtique, est conduit par sa bien-aimée, *Blanchefleur,* à la recherche du Graal. Ainsi la poésie est alliée au bon sens (1).

(1) Je m'étonne qu'aucun critique de métier n'ait relevé ces bizarreries. J'aimerais voir un Bédier ou un Doumic ou un Dimier traiter, avec leur sagacité aiguë et qui ne passe sur rien, ce curieux sujet.

Ainsi plus ou moins le spectateur de *Parsifal* se pose beaucoup de questions, s'étonne, se cabre contre le merveilleux.

Un tel thème, dans les conditions où on le lui offre, lui paraît inconcevable. Tout le long du drame, Parsifal fait des actes, prend des attitudes, auxquels il n'est pas, il ne peut pas être propre. Je pense même que cette systématique ressemblance qu'on lui donne à la fin avec le Christ, dans son baptême, dans son rôle près de la pénitente, dans son exaltation de guérisseur et de thaumaturge, dans son élévation au sacerdoce, tout cela inspire au spectateur chrétien, par degré, plus d'indifférence. Plus le cercle de lumière où apparaît Parsifal tend à l'avantager et à l'auréoler, plus celui-ci y est déplacé. Voilà pourquoi j'ai dit, au moins pour ceux qui ont un idéal sévère : le spectacle dégrise.

VI

Et maintenant je reviens à notre antinomie : d'où vient qu'au concert, et dans l'ignorance volontaire du livret, on trouve dans *Parsifal* tout un christianisme, toute une foi, tout un lyrisme ? Je vais plus loin : d'où vient que cela y apparaisse avec une telle force qu'on puisse nier sans exagération que Palestrina, Bach ou Franck aient été, je ne dis pas meilleurs chrétiens, mais aussi chrétiens que Wagner ?

Nous avons rappelé que le christianisme ici
consiste dans une intuition extrêmement vive
des « valeurs chrétiennes ». Cela ne veut pas
dire assurément que l'auteur les ait vues
complètement isolées du dogme et de l'histoire,
comme s'il avait écarté en principe toute la
doctrine et n'ait retenu que l'émotion. Non.
Wagner avait non seulement le goût, mais aussi
le courage de la croyance. Mais, soit qu'il ait
négligé de s'instruire un peu solidement, soit
que sa personnalité très complexe fût insubor-
donnée et répugnât de se soumettre et de s'ac-
corder aux influences communes, soit enfin
qu'il ait eu plus d'amour pour le mystère que
pour l'Église, il s'est fabriqué un catholicisme à
sa fantaisie et à sa mesure, c'est-à-dire au petit
bonheur. De là la gaucherie, l'incohérence,
l'irréalité de sa théologie.

Il lui reste par contre d'avoir senti comme
personne, et d'une passion réfléchie, voulue,
comme si elles se suffisaient à elles-mêmes, les
données morales de la Foi. Miracle de subjectivité, puisque la réalisation de ce qu'il sent
donne l'illusion de l'objectivité !

Le *symbole,* qu'on peut rapprocher de l'allé-
gorie pratiquée au moyen âge, et qui évoque ici
le Péché, là le Remords, ailleurs l'Amour
contrit, le Pardon, le Salut, la Paix, acquiert
chez Wagner une indéfinissable qualité compa-
rable à une chaleur, ou à une lumière. L'auteur

a un violent plaisir à vivre un conflit de sentiments, une épreuve d'âme, à en tracer la logique
intérieure, à en prévoir les répercussions spirituelles dans la conduite, à en faire un thème à
enseignement, à en tirer un axiome de vie.
Réellement il est saisi, il est ivre des images
que ce symbole provoque, assortit et gouverne
en lui. Alors il se le peint sous des couleurs
ardentes comme s'il n'était que peintre, sa
raison y voit un point de vue sur le monde
comme s'il n'était que philosophe, son cœur y
goûte un suprême enrichissement du moi comme
s'il n'était que poète. Et il est en réalité tout
cela à la fois, puisque tout cela se confond dans
sa contemplation.

J'entends bien que le génie organise ici ce
qui, chez des hommes même très cultivés et
d'une extrême sensibilité, ne serait que chaos.
Comment Wagner suggère-t-il avec des sons,
des rythmes, des timbres, des recherches
d'écriture musicale, un coloris instrumental,
ce qui devient pour lui-même et pour l'auditeur
un mirage gros de sensations, de sentiments et
d'idées? En vérité je ne le sais. Et les tech-
niciens, qui s'en rendent compte mieux que
moi, le devinent à peine. C'est le secret de ce
cerveau prodigieux.

Mais le fait est là. Auditeurs, écoutez, ouvrez
votre âme à cette résonance, et goûtez.

VII

Voici le thème de la Foi. Dans le cœur glissent les rayons de l'aube ; l'âme s'empourpre d'aurore. Faisons la prière du matin... Les voix de l'orchestre, viriles et fermes, montent et descendent avec une lenteur recueillie. Le mètre est large, spondaïque. Il marque la confiance de l'âme qui se livre à Dieu. On sent aussi que tout désir mauvais est d'avance répudié par l'âme qui prie, et toute émotion charnelle abolie. Cette oraison est celle des saints à la piété immuable ; elle a le charme rigide de la règle, de l'habitude prise, la monotonie du devoir heureux. Quand le thème de la Foi réapparaîtra dans le drame, et même au plus fort des crises tragiques de la « Scène religieuse », ou de la « Tentation », chaque fois il versera sur nous un flot de paix, d'une caresse infinie.

O Certitude ! toi qui délivres nos âmes des problèmes qui les angoissent, et qui les délivres du poids d'elles-mêmes, toi qui changes le bégaiement de la raison en verbe substantiel, comme j'adhère avec joie à tes affirmations ! Je laisse là les livres, et les preuves, et les démonstrations, pour chanter ce que tu m'annonces.

Quant au thème de l'Eucharistie, et à ses différentes réalisations, là Wagner, ne craignons pas de le dire, a réalisé l'irréalisable ; il a rendu en quelque façon la *présence* de Jésus *réelle*. Je l'ai éprouvé quelquefois d'une manière presque expérimentale grâce à un pieux artifice. Je lisais quelque page fervente de saint François de Sales ou du P. Faber, puis j'achevais ma méditation par ce que saint Thomas appelle « l'oraison de repos ». Tout en rêvant un peu à ce que je venais de lire, je chantais à mon piano les fragments eucharistiques de *Parsifal*. Eh bien ! loin d'endormir mon humble amour, ou de le détourner de sa voie, ce chant le réveillait ; ma lecture prenait vie, sa vérité éclatait. Mieux encore ; je sentais le Bien-Aimé près de moi, comme on sent la présence d'un ami dans l'ombre... C'est que Wagner est allé droit au cœur même du dogme. Dans l'eucharistie il a vu Dieu « bienfaiteur, non payé de retour, visiteur mal accueilli, banni au cœur brisé, mendiant, au sein de sa propre création, l'amour de sa créature (1) ». Les paroles de la Cène, que Bach, par exemple, a faites si froides, si hautaines, et comme échappées ou arrachées à la majesté divine (2), Wagner les a faites pressantes, pleines de supplications, comme si Jésus cherchait en nous une consolation. « Prends ce pain, c'est ma chair ; prends ce vin, c'est mon

---

(1) *Le Saint Sacrement*, par le P. Faber, tome II, p. 108.
(2) *La Passion selon saint Matthieu*, 1re partie.

sang, » cela veut dire ici : « Accepte-moi, réchauffe dans ton sein mon humanité meurtrie. »

De même en ce qui touche le mystère du Vendredi saint, de quelles tendres méditations dut sortir ce troisième acte, à la saveur si émouvante et si douce ! De quelles larmes dut-il être payé ! Wagner s'est du premier coup approprié, là-dessus, le langage et l'âme des plus pures traditions franciscaines. Dans la Passion il a moins vu le meurtre que le pardon, moins le reproche que la mort du Juste fait aux hommes, que le salut qu'elle leur apporte. Les hautes roches du Golgotha étincellent à ses yeux d'une lumière d'apothéose ; elles gardent le rayonnement du Sermon sur la montagne ; et sur le sol fécondé par le sang divin mille fleurs sont nées.

C'est de cette vision que sont sortis le poème et le drame. Mais la musique adoucit et pacifie encore le spectacle. Il est des jours où, en l'écoutant, on a peine à croire à la cruauté, à la trahison, aux tortures horribles qu'inventèrent les hommes, où l'on oublie presque la part que nos péchés ont prise au martyre de l'Homme-Dieu. On est prêt plutôt de défaillir de reconnaissance et d'amour comme saint Jean ou Madeleine.

20 mars 1914.

APPENDICE

LES

ÉDITIONS FRANÇAISES

DE

MUSIQUE CLASSIQUE

LES ÉDITIONS FRANÇAISES
DE MUSIQUE CLASSIQUE

Allons-nous, après la guerre,
continuer à nous approvisionner de musique
en Allemagne ?

I

Dire : non, ne suffit pas. Il faut encore s'assurer
qu'on peut se passer de notre Ennemie.

Voyons ce qu'il en est.

Il serait oiseux de chercher à nier ou à ravaler
l'activité méthodique et féconde des éditeurs de
musique, en Allemagne, et le chiffre prodigieux des
affaires qu'ils faisaient en France. Mais on aurait
tort d'y voir quelque chose de mystérieux, ou qui
provînt de causes impénétrables.

Les procédés d'envahissement commercial ne sont
pas différents, pour la musique, de ce qu'ils sont
pour la papeterie, les articles de bureau, l'orfèvrerie
et le reste. Ce n'est là qu'un cas particulier et une
application spéciale d'une technique générale.
L'éditeur allemand servait son client français vite
et bien. Il lui offrait le choix, puisqu'il abondait
en marchandise, une certaine qualité honorable de
papier et de gravure, puisqu'il était bien outillé
pour la fabrication, un texte revu par des pédants
qualifiés, titrés, réputés infaillibles. Avec cela, le
flux de la marchandise s'était grossi d'année en
année, ayant passé par-dessus les digues, ayant
balayé toutes concurrences, l'éditeur allemand
n'avait pas à se gêner. Il tenait le monopole. Peters
était le roi du dièze et du bémol, comme Hardtmuth

de la gomme et du crayon, comme X*** de l'encre et Z*** du papier buvard.

Ce qui nous coûte davantage à avouer, c'est que nous nous étions faits, en France, les complices de cette prospérité ennemie.

Beaucoup de ceux qui s'attachent à l'étude de la musique auraient considéré comme une idée singulière de s'adresser à d'autres éditeurs que ceux de Leipzig. Il y avait de l'affectation et presque du ridicule à prôner une édition française. La légende était que, dans cet ordre de choses notamment, nous sommes incapables de faire aussi bien que les Allemands. Et si quelque éditeur, aventureux patriote, entreprenait de prouver le contraire par l'exemple, une infinité de « connaisseurs », professeurs de piano, chanteurs, instrumentistes, libraires, journalistes, scribes de magazines et de revues, dénigraient l'initiateur et son œuvre... Ainsi une partie de notre gent musicale était, sans le vouloir, militarisée au profit de l'Allemagne.

Nous ne pouvons pas savoir jusqu'à quel point ces demi-traîtres inconscients auront été retournés par les événements. Je crains que, si on ne les surveille pas, et d'autre part si les circonstances ne leur viennent pas en aide, ils ne permettent, par négligence, à nos mauvais voisins de maintenir leur poste avancé chez nous.

Préoccupons-nous de les éclairer, de relever leur conscience indolente. Industriellement nous n'avons tiré de nos désastres de 1870 presque aucune leçon. Il ne faut pas qu'il en soit de même, cette fois, pour nos succès. Le mot d'ordre accepté, proclamé par tous, c'est le mot de Léon Daudet : « *Hors du joug allemand.* » Tous nos efforts consisteront à extirper les souvenirs néfastes de notre asservissement, et à construire un édifice tout neuf

de liberté, commerciale autant qu'intellectuelle.
Les musiciens ne sauraient s'exclure de cette croi-
sade ; tâchons de le leur persuader.

*
* *

A la vérité, des éditions françaises de musique
classique ont déjà vu le jour. Elles sont nombreuses.

J'en signale surtout quatre, que je nomme sans
leur donner de rang :

L'édition Gallet, *6, rue Vivienne.*

L'édition Durand, *4, place de la Madeleine.*

L'édition Rouard et Lerolle, *18, boulevard de
Strasbourg.*

L'édition Enoch, *27, boulevard des Italiens* (1).

Que nos marchands de musique aient pu, en
pleine guerre, mettre debout ce programme, cela
est digne de remarque. Car comment ont-ils réussi
à se procurer l'outillage nécessaire, ou à réformer
l'outillage ancien ? — Comment ont-ils suppléé à la
main-d'œuvre, raréfiée par la mobilisation ? —
Comment ont-ils constitué des stocks suffisants de
matières premières ? — Et le capital d'établis-
sement, d'où l'ont-ils tiré en un temps où l'argent
va au gouffre des armements ? — Et la paperas-
serie administrative, tueuse d'énergies, et le réseau
barbelé des lois anti-bourgeoises et anti-patronales,
comment y ont-ils échappé ?... Avouons qu'il
n'appartient qu'à des Français de s'animer à de
grandes entreprises, quand tout leur manque pour
les réaliser. Ils aiment ces sortes de gageures.

(1) Je ne parle pas des œuvres choisies du répertoire classique.
Tous nos éditeurs français en ont publié, à loisir, et sans programme bien défini, selon que cela leur convenait. On trouve
un excellent lot de ces œuvres chez Sénard, 20, rue du Dragon ;
à la *Schola Cantorum*, 269, rue Saint-Jacques ; chez Leduc, 3, rue
de Grammont ; chez Biton, à Saint-Laurent-sur-Sèvre, etc.

Ces éditeurs de musique sont les mêmes hommes que, pendant la paix, on accusait avec quelque apparence de raison d'être mous et nonchalants. Un chroniqueur du *Temps* écrivait sur eux : « Ils sont généralement timides et circonspects. Les voies inexplorées les effrayent. Leur prudence est légendaire et paradoxale. Ils marchent à petit pas, en tâtant peureusement le terrain, et ne risquent le plus souvent que d'insignifiants enjeux dans les parties que le destin les invite à jouer... » Or sous l'aiguillon des circonstances ceux-ci se sont révélés créateurs, hommes d'organisation, hardis, témé-raires, coureurs de risques, et beaux dépensiers.

*
* *

On s'est demandé, cela est vrai, s'il n'eût pas mieux valu concentrer et coaliser ces efforts que les disperser. Pourquoi quatre éditions, et non pas une seule ? Les titres réels que les producteurs se sont acquis à notre reconnaissance, ne les perdent-ils pas, dès le début, en subordonnant l'exécution d'une idée patriotique à des intérêts particuliers ?

Parler ainsi c'est être sage, assurément ; mais c'est aussi, je le crains, être chimérique.

Mettons les choses au mieux. — Tous les éditeurs s'entendent, et forment un capital commun, exploité en commun. Cette édition nationale reçoit le con-cours pécuniaire des marchands de musique et des clients eux-mêmes, qui en souscrivent les actions.

Cela est réalisable, je le veux. Mais pour un temps.

Avec les années, l'un des coalisés puis plusieurs feront défection. Ou bien il surviendra un nouveau concurrent, mieux armé, préoccupé de rompre une routine, qu'il dira intolérable. — Qui donc, à ce moment-là, défendra les premiers éditeurs dépossédés ? — Personne, et surtout pas le public, qui va toujours aux nouveautés... Et cette édition nationale, dont l'entrée dans ce monde aura été accueillie avec tant de faveur, sera une petite chose moribonde, tout à fait délaissée.

C'est que, dans un pays égalitaire comme le nôtre, la liberté du travail, la libre concurrence, le libre usage de la propriété, la faculté laissée à chacun de poursuivre la fortune selon ses moyens, sont devenus une habitude d'esprit, une forme même des mœurs. Tout monopole, même s'il est habilement déguisé, paraît entreprendre sur notre droit, il heurte de front notre esprit d'initiative, notre goût, notre passion d'individualisme. Sans parler de cette force de l'instinct, incoercible, qui pousse les plus intelligents, les plus débrouillards à s'élever au-dessus des autres hommes de leur profession, et à leur ravir le succès.

Dans ces conditions, il était bien difficile d'éviter ce qui est arrivé — quoique, dans le fond, cet échec du bon sens soit regrettable. Trop d'éditions feront tort à l'édition. Chaque concurrent, moins riche que la coalition, sera amené à abaisser la qualité de son produit, « pour s'y retrouver », tandis que la coalition, ne craignant pas d'être détrônée, eût pu maintenir la qualité supérieure du papier, du texte et de sa revision... A moins que, selon la parole consolatoire d'un de ces éditeurs, « la place étant laissée libre par l'étranglement du Boche, il y ait une fortune à faire pour chaque producteur ». Acceptons-en l'augure.

II

Que sont ces éditions françaises, bravement établies, publiées et lancées pendant la guerre ? Que valent-elles ?

On me permettra de répondre à cette question avec la sécheresse d'un libraire.

S'agit-il de la qualité du papier, de la netteté de l'impression et de la gravure ? — La gêne momentanée des éditeurs en ce qui concerne leur approvisionnement en papiers de luxe les a obligés à utiliser certains stocks qui n'avaient pas cette destination. De là un papier qui, dans quelques cas, ne convient guère. Mais dans d'autres, au contraire, nos éditeurs ont du premier coup obtenu une impression parfaite.

J'ai visité plusieurs magasins, déjà remplis de ces « bonnes feuilles ». J'ai en mains des exemplaires variés de Clémenti, de Kulhau, de Czerny, de Bach, de Beethoven, de Chopin ; je ne vois pas de différences sensibles, quant à la disposition des textes et à leur réalisation pratique, entre ces éditions et celles de Peters. Même, chez un des quatre éditeurs, dont j'expose ici l'effort, on a poussé la coquetterie jusqu'à reproduire exactement, page par page, l'édition-type allemande.

Que l'on puisse arriver, en France, à une technique égale à celle des Allemands sur tous ces points, cela n'étonne que les ignorants. Tous les procédés de gravure sont des secrets internationaux. Les applications de la science sont exploitées partout de la même manière. Des étrangers peuvent attraper la ressemblance de nos produits à s'y méprendre. Lorsque nous y avons intérêt, nous attrapons aussi aisément la ressemblance de leurs produits. Et nous profitons tous des progrès accomplis par nos voisins. Leur succès même les vulgarise.

Qu'on demande du beau papier aux établissements de l'Isère, d'Angoulême ou d'ailleurs ; ils sont outillés pour produire celui qu'on désire, et de plus parfait encore. Et quant à la gravure de la musique, c'est une partie où nous avons fait depuis trente ans des progrès constants. Ils n'échappaient pas à un œil exercé. Ils éclatent à la vue de tous, dès maintenant.

III

S'il s'agit de la revision des textes, notre situation est, je le crois, encore meilleure ; nous passons devant nos ennemis.

Ce n'est pas parce que les éditeurs allemands n'ont pas assez revisé les œuvres des grands maîtres, mais au contraire parce qu'ils les ont trop revisées.

Le savoir des pédagogues musicaux, de l'autre côté du Rhin, est énorme. Il représente, on le sait, un labeur inlassable, patient et méticuleux. Mais, comme l'a dit notre Montaigne : « trop de savoir dérange la cervelle ». Ces regratteurs de textes en sont arrivés à croire qu'ils savent mieux que Beethoven ce que Beethoven a voulu exprimer, et ce qu'il a chanté. Ils ont substitué leur pédagogie bavarde et tatillonne à l'extrême simplicité de ses annotations. Sous le prétexte de la rendre plus explicite, ils ont encombré sa pensée d'observations et de remarques personnelles, qui travestissent ses intentions... C'est déplaisant. C'est irritant. On a envie de lui tirer ses longues oreilles à ce Boche qui se montre derrière l'image du musicien. Ou bien, trompée par ce mauvais guide, notre intelligence dérive, et perd la trace du génie, qu'elle n'avait pas tardé, livrée à elle-même, à reconnaître.

Imaginez une partie du répertoire classique barbouillé de la sorte, et alourdi de ce bagage de laboratoire, qui le déforme et le ridiculise (1).

(1) C'est le même vice, nous l'avons dit, que l'on trouve chez les chefs d'orchestre allemands, du moins chez un grand nombre. Même Richard Strauss n'y échappe pas. Romain Rolland écrit à propos d'un *concerto* de Mozart qu'il dirigea à Strasbourg en 1905 : « Comme le charmant Mozart avait pris une physionomie

Voilà une des formes de l'*organisation* allemande dont nous allons nous délivrer avec allégresse.

Notre manière à nous d'étudier et d'interpréter un auteur est d'une extrême délicatesse. Demandez à Maurice Emmanuel de vous parler de Bach, à Diémer de vous dire comment il comprend les clavecinistes et leur art, à Victor Staub de vous mettre un doigté naturel, aisé, élégant sur une sonate, et vous serez émerveillé de la justesse fine et sobre, de la sûreté pédagogique, mais surtout — si j'ose employer ce mot mystique — de la « *pureté d'intention* » dont font preuve ces professeurs français.

En Allemagne cette absence d'étalage et de pose est, paraît-il, un signe de débilité intellectuelle. Chez nous, c'est la marque d'un bon esprit.

IV

Reste à obtenir un prix de revient assez bas pour assurer aux clients français des conditions de vente aussi avantageuses que celles faites par l'Allemagne.

Là non plus le mystère n'est pas opaque. On sait que, de nos jours, l'industriel a intérêt à élargir de plus en plus ses marchés. Il ne s'enrichit pas en vendant peu et cher, mais en vendant beaucoup et bon marché. Le bénéfice qu'il perd sur l'unité de marchandise, il le récupère sur la masse. — De plus, si le prix de vente d'une marchandise s'abaisse à mesure que le marché s'agrandit, s'il tend même à s'approcher très près du prix de revient, par contre, le client alléché par le bon marché s'intéresse de plus en plus à la marchandise, et il accroît ses achats.

Ce rythme est automatique.

Les Allemands, qui avaient un marché mondial,

brusque et trépidante ! Quelle accentuation des rythmes aux dépens de la grâce mélodique ! » *Musiciens d'aujourd'hui*, p. 184.

qui opéraient sur des sommes considérables, qui produisaient pareillement sur de très larges bases, grâce à l'emploi d'innombrables machines, avaient un prix de revient très bas, et par conséquent un prix de vente très bas aussi. Et l'on sait, d'autre part, qu'ils ont l'habitude de consentir des sacrifices lorsqu'ils lancent un produit, sûrs de « se rattraper » lorsque le succès de l'entreprise battra son plein.

Ils ont, de cette manière, inondé le marché français de leurs éditions de musique classique. Et celles-ci ont accaparé à peu près toute notre puissance d'achat.

Que va-t-il se passer après la guerre ?

Si nos éditeurs nationaux ne faisaient pas tout de suite des sacrifices, et n'établissaient pas des prix de vente très réduits, il serait à craindre que la clientèle, d'un patriotisme attiédi lorsqu'elle ne calcule que son intérêt immédiat, ne retournât à ses anciens fournisseurs.

Et qu'on ne dise pas que le traité de paix élèvera une barrière suffisante entre nos ennemis et nous pour prévenir ce scandale. L'habile Allemagne, quel que soit le tissu serré de règlements et de contraintes qu'on dressera autour d'elle, passera à travers ses mailles.

Du reste un tarif trop protectionniste amènerait, chez nous, une hausse de prix dommageable à la culture musicale en France ; autre danger qu'il faut conjurer aussi.

Le plan le plus sage, bien que ce soit aussi le plus onéreux, c'est celui auquel se sont arrêtés nos éditeurs français : ils ont spontanément fait confiance au public en lui offrant des éditions à bon marché. Dès maintenant, les prix de vente ont été mis à la parité, ou à peu près, des prix de *Peters*, comme on peut s'en rendre compte par l'examen du tableau que je place sous les yeux du lecteur.

TABLEAU COMPARATIF

ŒUVRES	ÉDITIONS FRANÇAISES				ÉDITION ALLEMANDE
	GALLET	DURAND	ROUARD	ENOCH	PETERS
BEETHOVEN :	fr.	fr.	fr.	fr.	fr.
Sonates I et II.........	4. »	5.50	4. »		4. »
Symphonies à 4 mains I et II................	4. »	5. »	4. »		4. »
MOZART :					
Sonates................	4. »	5. »	4. »		4. »
J.-S. BACH :					
Le Clavecin bien tempéré I................	3. »	3. »	2.70		3. »
CRAMER :					
Études. Chaque vol....	1.25	1.50	1.10		1.25
CZERNY :					
Exercices journaliers.	1.35	1.75	1.35	1.65	1.25
KULHAU :					
Sonatines.............	1.35	1.50	1.35	2. »	1.35
CHOPIN :					
Études................	2. »	2.75	2. »		2. »
Valses	2. »	2. »	1.35		2. »
Nocturnes	2. »	2.50	2. »		2. »
CLEMENTI :					
Sonatines.............	1.35	1.25	1.35	2. » (1)	1.25
SCHUMANN :					
Scènes d'enfants.......	0.70	1.50	0.70		0.70
Carnaval.............	1.35	1.25	1.35		1.35
MENDELSSOHN :					
Romances sans paroles................	2. »	3. »	2. »		2. »
DIABELLI :					
Pièces Mélodiques à 4 mains..............	1.50	1.50	1.35		1.35

(1) La maison ENOCH déclare que, par prudence, elle n'ose fixer présentement la plupart de ses prix.

On ne trouve dans cette liste que des exemples-types. J'ai choisi les œuvres les plus demandées, celles dont ni le professeur, ni l'élève ne peuvent se passer. Les catalogues de nos éditeurs sont beaucoup plus fournis ; ils seront bientôt tout à fait complets. Il en est de même en ce qui touche aux œuvres pour violon, violoncelle et pour piano à quatre mains. — Quant à certains prix qui, par comparaison, paraissent élevés, outre qu'ils s'expliquent assez, je le suppose, par la valeur intrinsèque de l'édition, on voit qu'ils sont en réalité encore très bas.

V

Naturellement ces éditeurs téméraires, qui ont risqué de si importants capitaux, sans espoir de prochaine récolte, qui ont même envisagé quelques années de fâcheux déficit, sont en droit d'attendre de la clientèle française un loyalisme sincère, et même quelque ferveur de prosélytisme.

Il ne sera permis à personne de bouder, ou d'arguer de considérations désuètes pour se soustraire à une si élémentaire obligation de solidarité. Certes rien de plus facile que de critiquer à tort et à travers, de relever une tache ici, et là un trait trop gros ou trop petit, sur la portée, une barre effacée, un point placé où il ne faut pas. Mais à quoi bon ? — Ces misères sont de celles qui se corrigent aisément. Les hommes choisis, sous le patronage desquels nos éditions sont publiées, y veilleront sans en être priés (1). Et ils feront mieux que d'y veiller.

---

(1) A côté des noms déjà cités, quelle belle théorie d'auteurs !
A la maison Durand : Saint-Saëns, Paul Dukas, Claude Debussy, Gabriel Fauré, Maurice Ravel, Guy Ropartz.
A la maison Rouard : Vincent d'Indy, André Messager, Blanche Selva, A. Lefort, Lucien Wurmser.
A la maison Gallet : Victor Staub, Théodore Lack, Alfred Brun, Charles Dancla.
A la maison Enoch : E. Risler, A. Casella, M. Moszkowsky, G. Enesco, C. Galeotti.

Ils apporteront, dans ce domaine, de ces transformations heureuses, dont les Français, d'esprit éveillé, avides de progrès, donnent partout tant d'exemples.

C'étaient là, chez nous, des facultés en sommeil, depuis que nous acceptions sans réagir la compression économique de l'Allemagne. La bête abattue, comme il sera bon de nous fier de nouveau à notre intiative, d'imaginer, de faire des expériences, de créer ! Rappelons-nous que les premières éditions de musique qu'on vit circuler en Europe étaient françaises, et ne racontaient que la victoire de notre idéal et de nos chefs-d'œuvre. Nous sommes fondés à penser qu'après l'abaissement de nos rivaux cette tradition d'honneur pourra être reprise.

Le chroniqueur du *Temps*, que je citais plus haut, dit encore : « Il faut que le commerce de l'édition musicale se transforme et s'élargisse. Il faut que nos capitalistes comprennent l'intérêt de donner un essor puissant à cette forme de notre activité intellectuelle. Nous avons toute une bibliothèque à reconstituer, une science musicologique à acclimater, des trésors à découvrir, des chefs-d'œuvre à annexer, des génies à naturaliser. »

Cela est un beau programme. Ayant déjà ébauché sa réalisation dans des heures qui ne furent pas sans amertume, combien il nous sera plus aisé de l'achever dans la joie de notre résurrection !

19 mars 1916.

TABLE DES MATIÈRES

La Musique Allemande chez nous.

UNE MONOGRAPHIE

PARSIFAL, opéra-mystère, choque-t-il la piété?

APPENDICE

Les Éditions françaises de Musique classique.

187-16. — Paris, Imp. des Orphelins-Apprentis d'Auteuil,
40, rue La Fontaine.

PARIS (VI·)

Librairie de P. **LETHIELLEUX**, Éditeur

10, rue Cassette, 10

LA CRISE DES CÉRÉMONIES RELIGIEUSES
ET
LA MUSIQUE SACRÉE

Par **Clément BESSE**

In-12... 2 »

Du même auteur :

LA MUSIQUE ALLEMANDE CHEZ NOUS

In-8 écu... 2 »

PHILOSOPHIES ET PHILOSOPHES

In-12... 3.50

La Musique sacrée telle que la veut l'Eglise, par l'abbé
E. Chaminade, Chanoine honoraire, maître de Chapelle à la
Cathédrale Saint-Front de Périgueux. Ouvrage approuvé
par la S. Congrégation des Rites. Ouvrage revêtu de l'im-
primatur de S. É. Mgr Richard, Cardinal Archevêque de
Paris. Beau volume in-8 carré.................... 2.50

La Réforme pratique de la musique sacrée, par
l'abbé G.-H. Tissier, vicaire à Saint-Georges de la Villette,
à Paris. In-12.................................. 2 »

**Saint Alphonse de Liguori musicien et la réforme
du chant sacré**, par le R. P. Bogaerts, Rédemptoriste.
Ouvrage précédé d'une lettre de S. Eminence L.-M. Pa-
rocchi, Cardinal-Vicaire de S. S. Léon XIII. Beau volume
in-4 écu, cadres rouges, orné de nombreuses gravures et
d'un portrait sur acier, contenant le texte complet, paroles
et musique (texte français adapté à la musique), du « Chant
de la Passion »................................. 5 »

Chants de l'âme. Nouveaux Cantiques à plusieurs parties,
avec accompagnement d'orgue ou d'harmonium, composés
en l'honneur de Marie, des Anges, des Bienheureux, etc.,
par le R. P. Ligonnet, Dominicain-Enseignant. Grand in-8
jésus, *net*..................................... 6 »

Paris. — Devalois, 144, av. du Maine (11), dans le passage).